ÍNDICE

INTRODUCCIÓN

TEMA 1

EL PROCESO PENAL

1.- **CUESTIONES PREVIAS**

    1.1. Los procedimientos penales.
    1.2. Los órganos jurisdiccionales penales.

TEMA 2

LA POLICÍA JUDICIAL

1. **CONCEPTO.**
2. **REGULACIÓN ACTUAL.**
3. **LA POLICÍA JUDICIAL.**

    3.1 Atribuciones.
    3.2 Composición.

        a) Cuerpos que realizan esta función.
        b) Principios que rigen su actuación.

            b.1) A requerimiento previo.
            b.2) Actuación por propia iniciativa.
            b.3) Subordinación a los órganos judiciales y al Ministerio Fiscal.

4. **FUNCIONES GENERALES.**
5. **CONFLICTOS DE COMPETENCIA.**

    a) Dentro del mismo Cuerpo.
    b) Con otros Cuerpos de Policía.

6. PROCEDIMIENTO ABREVIADO Y ENJUICIAMIENTO RÁPIDO.

6.1) Normas de actuación comunes de la Policía Judicial.
6.2) Actuación en supuestos de enjuiciamiento rápido de determinados delitos.
6.3) Actuación de la Policía Judicial en los supuestos de enjuiciamiento inmediato de determinados delitos leves.

7. LA POLICÍA LOCAL COMO POLICÍA JUDICIAL.

TEMA 3

EL ATESTADO POLICIAL

1. CONCEPTO, NATURALEZA Y OBJETO.
2. SUJETOS QUE INTERVIENEN.

2.1) Sujetos que instruyen.
2.2) Sujetos activos.
2.3) Sujetos pasivos.
2.4) Otros sujetos.

3. REQUISITOS DE LUGAR Y TIEMPO.

3.1) Requisitos de lugar.
3.2) Requisitos de tiempo.

4. ATESTADO POLICIAL: DILIGENCIAS Y ACTAS.

4.1) Diligencias básicas:

a) Diligencias de inicio.
b) Diligencias de investigación.
c) Diligencias de trámite.
d) Diligencias de remisión.

4.2) Actas policiales.

5. **CARÁCTER SECRETO DEL ATESTADO.**
6. **VALOR PROCESAL DEL ATESTADO.**
7. **REGLAS BÁSICAS PARA LA ELABORACIÓN DEL ATESTADO.**

   7.1) Reglas de fondo y forma del atestado policial.
   a) Cuestiones de fondo.
   b) Pautas en cuanto a la forma.

   7.2) Reglas para la elaboración del atestado en el P.A. y en los supuestos de Juicios Rápidos e Inmediatos. (Ley 38/2002 de reforma de la Ley de Enjuiciamiento Criminal)

TEMA 4

INICIO DEL ATESTADO: COMPARECENCIAS Y OTRAS DILIGENCIAS

1. **DENUNCIA DE LOS HECHOS.**

1.1) Clases de denuncia.

1.2) Efectos de la denuncia.

2. **DENUNCIA VERBAL.**

3. **COMPARECENCIAS.**

4. **COMPARECENCIAS POR DENUNCIA VERBAL.**
   A) Encabezamiento.
   B) Cuerpo de la comparecencia.

   B.1) Identificación de comparecientes.
   1) Particulares.
   2) Funcionarios policiales.

   B.2) Narración de los hechos, presentación de detenidos y/o entrega de objetos.
   C) Terminación de la comparecencia.
   D) Firmas.

5. COMPARECENCIA Y DENUNCIA DE PARTICULAR POR ESCRITO.
6. DILIGENCIAS DE INICIO MOTIVADAS.

TEMA 5

DILIGENCIAS DE TRÁMITE E INVESTIGACIÓN Y COMPROBACIÓN DEL DELITO

1. COMPROBACIÓN DEL DELITO.
2. DILIGENCIAS DE TRÁMITE E INVESTIGACIÓN.
3. DILIGENCIA DE INFORMACIÓN DE DERECHOS AL PERJUDICADO.

    A) Ofrecimiento de acciones en diligencia separada.
    B) Ofrecimiento de acciones en la comparecencia.
    C) Seguridad de las víctimas.
    D) Información a víctimas de delitos violentos y sexuales.

4. DILIGENCIA COMISIONANDO FUNCIONARIOS.
5. DILIGENCIA DE TRASPASO.
6. DILIGENCIA DE ANTECEDENTES.
7. DILIGENCIA DE RECONOCIMIENTO EN RUEDA.
8. DILIGENCIA DE REGISTROS PERSONALES.
9. DILIGENCIA DE PROTECCIÓN DE TESTIGOS.
10. OTRAS DILIGENCIAS:

    A) Comunicación al Juzgado.
    B) Solicitud de datos.
    C) De rectificación.
    D) Ordenando toma de declaración.
    E) De entrega de objetos.
    F) De identificación de cadáver.
    G) De levantamiento de cadáver.
    H) De reconocimiento fotográfico.

TEMA 6

DILIGENCIAS DE INSPECCIÓN OCULAR

1. LA INSPECCIÓN OCULAR.

    A) Aspectos técnicos.

2. MATERIALIZACIÓN.
3. PRINCIPALES FINES Y REQUISITOS.
4. INSPECCIÓN OCULAR EN ACCIDENTES DE TRÁFICO.

TEMA 7

DILIGENCIAS DE DETENCIÓN

1. CONCEPTO.
2. LA DETENCIÓN POR PARTICULARES.
3. LA DETENCIÓN POR FUNCIONARIOS POLICIALES.
4. LA ASISTENCIA LETRADA.
5. OTRAS DILIGENCIAS CON EL DETENIDO.
6. NOTIFICACIÓN AL FAMILIAR Y A LA OFICINA CONSULAR.
7. RECONOCIMIENTO MÉDICO.

TEMA 8

DILIGENCIAS DE ENTRADA Y REGISTRO

1. INVIOLABILIDAD DEL DOMICILIO.
2. MODALIDADES DE REGISTRO.
3. VALOR Y LEGALIDAD DE LA ACTUACIÓN POLICIAL.
4. PRÁCTICA DE LA ACTUACIÓN.
5. ENTRADA Y REGISTRO EN LUGARES ESPECIALES.

TEMA 9

EL "HABEAS CORPUS"

1. CONSIDERACIONES GENERALES.
2. CAUSAS.
3. PERSONAS LEGITIMADAS PARA SOLICITAR EL "HABEAS CORPUS"
4. CONTENIDO DEL ESCRITO DE SOLICITUD.
5. RESOLUCIÓN JUDICIALES.
6. DILIGENCIAS A PRACTICAR EN SEDE POLICIAL:

    6.1) Diligencia de haciendo constar la petición de "Habeas Corpus".
    6.2) Diligencia haciendo constar la resolución judicial.

TEMA 10

DILIGENCIAS DE REMISIÓN

1. DILIGENCIAS DE REMISIÓN DEL ATESTADO:

    1.1) Remisión simple.
    1.2) Remisión compleja.

2. DILIGENCIAS DE REMISIÓN DENTRO DEL ATESTADO.

TEMA 11

ACTAS Y OFICIOS

1. INTRODUCCIÓN. ACTAS. MODELOS.
2. OFICIOS. MODELOS.

TEMA 12

MODELOS DE DILIGENCIAS

TEMA 13

CASOS PRÁCTICOS – REDACCIÓN DE ATESTADOS

INTRODUCCIÓN

Este curso práctico con 13 temas y ejercicios de autoevaluación permitirá al alumno o lector, una vez finalizado y después de analizar los aspectos técnicos con ejemplos de actas, la elaboración de atestados y diligencias con rigor y técnica procesal para que puedan constituir una prueba de cargo en la imputación del autor de un delito. La redacción del atestado tiene que ser precisa y sencilla con un sentido coherente y lógico, pero al mismo tiempo no hay que omitir detalles o relatar los hechos de manera insuficiente o incompleta. Por ello, hay que realizar un esfuerzo de síntesis para conseguir una rápida lectura y la comprensión de los hechos que se describen. La diligencia policial es la materialización por escrito de una actuación policial en torno al esclarecimiento de un hecho presuntamente delictivo.

El atestado es un conjunto de diligencias ordenadas cronológicamente y con una conexión racional entre las mismas. Así, unas diligencias policiales de exposición de un hecho delictivo deben de estar relacionadas con otras de detención, explicando también los motivos que han llevado al instructor a realizar tal medida. Posteriormente, el juez de instrucción debe valorar las actuaciones policiales y puede ordenar nuevas diligencias de investigación para esclarecer la autoría del delito o la práctica de gestiones a lo largo del atestado tras detallar el porqué de las mismas.

Este manual incluye modelos de redacción de diligencias que se adaptan a diversas circunstancias y a las modificaciones de la Ley de Enjuiciamiento Criminal para que los funcionarios policiales puedan elaborar, con mayor facilidad, perfección y rapidez, desde un acta de entrada y registro en un domicilio hasta unas diligencias de identificación de cadáver o de petición de "habeas corpus", pasando por las de información y lectura de derechos, la inspección ocular en un accidente de tráfico o las correspondientes a una rueda de reconocimiento.

El curso también incluye normas de actuación de la Policía Judicial, así como pautas para elaborar diligencias para supuestos de enjuiciamiento rápido de determinados delitos, explicaciones sobre la inviolabilidad del domicilio, análisis de conflictos por competencias entre cuerpos policiales, así como cuestiones particulares y generales de la Ley de Enjuiciamiento Criminal, la Policía Judicial y el Derecho Penal, los tres pilares básicos para elaborar unas diligencias con rigor y técnica procedimental. Esta edición contiene las importantes novedades introducidas por la **Ley Orgánica 5/2015, de 27 de abril, Ley Orgánica 13/2015, de 5 de octubre y Ley 41/2015, de 5 de octubre.**

TEMA 1

EL PROCESO PENAL

1.- CUESTIONES PREVIAS

El Derecho Procesal Penal es el conjunto de normas que regulan un proceso de carácter penal desde su inicio hasta su fin. Su función es investigar, identificar y sancionar (en el caso de que así sea requerido) las conductas que constituyen delitos tras evaluar las circunstancias particulares en cada caso.

El proceso penal se promueve con ocasión de un delito y se centra en la constatación del hecho punible, la verificación de la participación del autor, el enjuiciamiento y la sentencia. Todo proceso penal presenta tres facetas: la investigación (que se traduce en el uso de determinadas pruebas y se refleja en el relato de hechos probados de la sentencia), el debate razonado y sus conclusiones jurídicas (que asientan en los fundamentos jurídicos de la sentencia) y la decisión o acto imperativo que resuelve el conflicto ventilado con arreglo a lo probado y a lo razonado y que suele coincidir con el fallo de la sentencia. Cabría hablar de otra fase, posterior, destinada a la ejecución de lo resuelto. Este esquema puede sufrir modificaciones en los distintos procesos en función de las características propias de cada uno de ellos. Por ejemplo: en el proceso civil no suele haber investigación dentro del mismo.

El proceso penal, entendido en un sentido amplio, presenta estas fases: la investigación, referida al hecho supuestamente ocurrido con sus circunstancias y que se desarrolla tanto con carácter preprocesal como una vez incoado el proceso; la decisión, una vez terminada la investigación, sobre si se debe proseguir con el enjuiciamiento de lo averiguado (a la que suele llamarse decisión sobre la apertura del juicio oral y, también, fase intermedia); y el juicio con la correspondiente sentencia y la ejecución de lo sentenciado.

El proceso penal es siempre constitutivo en el sentido de que no se limita a declarar una realidad preexistente (por ejemplo: A debe cierta cantidad a B, siendo la deuda algo previo al proceso que éste simplemente proclama), sino que crea jurídicamente el delito, pues éste no existe hasta que la sentencia que así lo establece gana firmeza. En esto viene a consistir la presunción de inocencia: todos somos inocentes (sin importar la contundencia de las evidencias en contra que puedan existir) hasta que se demuestra, lícita y formalmente, lo contrario, y esto se incorpora a una sentencia definitiva como conclusión final del proceso.

Básicamente existen dos grandes modelos para el proceso penal: el inquisitivo y el acusatorio. El primero, nacido a fines del imperio romano, se caracteriza por la concentración de las funciones de investigar, acusar y juzgar en una sola persona. En su día supuso un avance que permitió superar las deficiencias del modelo clásico romano (basado en la iniciativa de los ciudadanos) en una sociedad donde los débiles ya no podían enfrentarse procesalmente a los fuertes. Su desarrollo se vinculó en gran medida a la Iglesia y se caracteriza también por el carácter secreto de sus procedimientos. Su crisis, también en la Ilustración, vino motivada por los excesos y abusos a que propende por la falta de equilibrios propia de aquella concentración.

El modelo acusatorio se caracteriza, contrariamente, por la división funcional entre las tareas de acusar, y previamente investigar, y juzgar de tal modo que quien juzga, absolviendo o condenando, no ha tenido contacto previo con la cuestión que se le somete. Como regla general tales funciones aparecen asignadas, respectivamente, al Ministerio Fiscal y al Poder Judicial, pero existe una variante, llamada acusatorio mixto, donde la investigación corresponde a un tipo especial de juez (el de Instrucción) siempre distinto del que habrá de juzgar. Este es el sistema vigente actualmente en España aunque con grandes matices.

El caso español

Nuestro sistema procesal penal puede resumirse, esquemáticamente, esbozando, por una parte, los distintos procedimientos existentes para enjuiciar infracciones criminales y, por otra, aproximándonos a las competencias de cada uno de los niveles en que se estructuran los órganos jurisdiccionales con competencias penales.

1.1 Los procedimientos penales.

El sumario ordinario. Se trata del procedimiento tipo. El sumario ordinario sirve de modelo a todos los demás, aunque en la evolución histórica y paradójicamente haya perdido importancia estadística y en la actualidad sólo una pequeña parte de los procedimientos criminales sigua esta vía. Estos son los que se siguen por delitos castigados con penas privativas de libertad superiores a nueve años. No obstante, es el único que contiene una regulación legal completa de todos sus aspectos y fases, debiéndose considerar todos los demás procedimientos como especialidades de éste y a los que son aplicables la mayoría de sus normas, salvo donde tales procedimientos tienen las suyas propias especiales. El sumario es competencia, en su fase de investigación o instrucción, del juez o juzgado de instrucción y, en las restantes, de la Audiencia Provincial o Nacional.

El procedimiento ante el Tribunal del Jurado. Se utiliza en el enjuiciamiento de determinados delitos y no por razón de la gravedad de la pena. Tales delitos son los enumerados en el artículo 1.2 de la Ley Orgánica del Tribunal del Jurado. Aunque dicha ley incluye una regulación específica de todas las fases del proceso, lo realmente específico de este procedimiento es que el juicio oral se realiza ante un tribunal compuesto por ciudadanos sin conocimientos jurídicos presididos por un magistrado de la correspondiente Audiencia Provincial. Tales ciudadanos, los Jurados, emiten un veredicto en el que declaran probadas o no una serie de afirmaciones sobre la base de lo cual el Presidente redacta los hechos probados de la sentencia, correspondiéndole a él los razonamientos jurídico y el fallo de la misma.

El procedimiento abreviado. Es el empleado para enjuiciar delitos con penas no privativas de libertad o, si lo son, cuando su duración no excede de 9 años (artículo 757 de la Ley de Enjuiciamiento Criminal). Como éstos son mayoría en el Código Penal, éste es el procedimiento más usado en la práctica. Como ya hemos visto, su regulación, aunque amplia (artículos 757 a 794 LECrim.), es parcial, por lo que su régimen jurídico debe integrarse con las normas del sumario allí donde no exista regulación específica. Para la fase de investigación es también competente el Juez de Instrucción que, aquí, lo es igualmente para la fase intermedia o de decisión sobre la pertinencia del juicio oral. La fase de enjuiciamiento corresponde bien al Juzgado de lo Penal en delitos con penas privativas de libertad no superiores a cinco años, de multa o de otro tipo si no superan los diez años de duración, o corresponde a la Audiencia Provincial en el resto de los delitos dentro de este procedimiento.

Dentro del estudio de este procedimiento debemos detenernos en una subespecialidad: los **Juicios Rápidos o Diligencias Urgentes** (artículos 795 a 803 de la Ley de Enjuiciamiento Criminal). Vienen a ser una forma de procedimientos abreviados cuya especialidad consiste en la mayor celeridad en la tramitación, buscando que todo el proceso no dure más allá de unas pocas semanas como máximo. Los casos en los que procede su aplicación se contemplan en el artículo 795 de la Ley de Enjuiciamiento Criminal:

> Sin perjuicio de lo establecido para los demás procesos especiales, el procedimiento regulado en este título se aplicará a la instrucción y al enjuiciamiento de delitos castigados con pena privativa de libertad que no exceda de cinco años, o con cualesquiera otras penas, bien sean únicas, conjuntas o alternativas, cuya duración no exceda de diez años, y cualquiera que sea su cuantía, siempre que el proceso penal se incoe en virtud de un atestado policial y que la Policía Judicial haya detenido a una persona y la haya puesto a disposición del Juzgado de guardia. El procedimiento abreviado también se puede realizar sin

detención cuando la persona es citada para comparecer ante el Juzgado de guardia por tener la calidad de denunciado en el atestado policial y, además, concurra cualquiera de las circunstancias siguientes:

1.ª Que se trate de delitos flagrantes. A estos efectos, se considerará delito flagrante el que se estuviese cometiendo o se acabare de cometer cuando el delincuente sea sorprendido en el acto. Se entenderá sorprendido en el acto no sólo al delincuente que fuere detenido en el momento de estar cometiendo el delito, sino también al detenido o perseguido inmediatamente después de cometerlo, si la persecución durare o no se suspendiere mientras el delincuente no se ponga fuera del inmediato alcance de los que le persiguen. También se considerará delincuente "in fraganti" aquel a quien se sorprendiere inmediatamente después de cometido un delito con efectos, instrumentos o vestigios que permitan presumir su participación en él

2.ª Que se trate de alguno de los siguientes delitos:

>**a)** Delitos de lesiones, coacciones, amenazas o violencia física o psíquica habitual, cometidos contra las personas a que se refiere el artículo 173.2 del Código Penal.

>**b)** Delitos de hurto.

>**c)** Delitos de robo.

>**d)** Delitos de hurto y robo de uso de vehículos.

>**e)** Delitos contra la seguridad del tráfico.

>**f)** Delitos de daños referidos en el artículo 263 del Código Penal.

>**g)** Delitos contra la salud pública previstos en el artículo 368, inciso segundo, del Código Penal.

h) Delitos flagrantes relativos a la propiedad intelectual e industrial previstos en los artículos 270, 273, 274 y 275 del Código Penal.

3.ª Que se trate de un hecho punible cuya instrucción es presumible que será sencilla.

El procedimiento regulado en este título no será de aplicación a la investigación y enjuiciamiento de aquellos delitos que fueren conexos con otro u otros delitos no comprendidos en el apartado anterior. No se aplicará este procedimiento en aquellos casos en que sea procedente acordar el secreto de las actuaciones conforme a lo establecido en el artículo 302. En todo lo no previsto expresamente en el presente título se aplicarán supletoriamente las normas relativas al procedimiento abreviado.

El procedimiento de menores. Es el regulado en la Ley Orgánica de Responsabilidad Penal de Menores (L.O. 5/2000). Se aplica únicamente a los menores de edad que hayan cumplido los catorce años, esto es, a quienes delincan teniendo entre catorce y dieciocho años. La irresponsabilidad penal es absoluta por debajo de catorce años. Sus principales características especiales son que la fase de investigación corresponde al Ministerio Fiscal y que toda la ley pero, especialmente, su sistema de medidas sancionatorias (que no se llaman penas) se orienta con especial intensidad a la recuperación social del reo a quien, por su poca edad, se considera especialmente susceptible de reinserción.

Los procesos especiales clásicos. Puede llamarse así porque eran los únicos especiales en la versión original de la Ley de Enjuiciamiento Criminal en 1882. También basan su especialidad en razones materiales y no penológicas. Son:

1) El de responsabilidad penal de Senadores o Diputados (artículos 750 a 756 de la Ley de Enjuiciamiento Criminal). Su principal especialidad es la necesidad de obtener autorización de la correspondiente cámara para poder proseguir la causa.

2) El procedimiento por delitos de injurias y calumnias. La jurisprudencia ha determinado que estos delitos se persigan mediante procedimiento abreviado en consideración a sus penas, y al que se le incorporarán las especialidades de la ley (artículos 804 a 815 LECrim.) que, en general, buscan la mayor celeridad de la investigación.

3) El procedimiento por delitos de imprenta (artículos 816 a 823 bis LECrim.). Debe saberse que extiende su aplicación a cualquier delito cometido, además de con la imprenta, con el grabado, los medios mecánicos de publicación y los sonoros o fotográficos. Sus especialidades son muy similares a las vistas para los delitos contra el honor y van en la misma línea.

4) Los procedimientos de extradición. Son dos: el de extradición pasiva y el de extradición activa.

El de extradición pasiva es cuando España debe decidir si entrega a una persona determinada que reclama otro país, y se regula por una ley especial: la 4/1985.

El de extradición activa es cuando España solicita la entrega de alguien refugiado en otro país, y se regula en los artículos 824 a 833 de Ley de Enjuiciamiento Criminal.

En esta materia deben tenerse en cuenta los posibles acuerdos internacionales que puedan ser de aplicación y la llamada orden europea de detención y entrega regulada por la ley 3/2003 de 14 de marzo, que supone una gran simplificación de trámites y aceleración del proceso en ciertos casos.

5) El procedimiento contra reos ausentes (rebeldía). Se regula en los artículos 834 a 846 y, más que un auténtico proceso, es el conjunto de presupuestos y trámites necesarios para la declaración como rebelde de un encausado y las consecuencias de tal declaración. Ésta puede producirse en cualquier clase de procedimiento si el reo no es habido aunque el abreviado es posible realizar ciertas fases incluso en ausencia del mismo.

El procedimiento para el juicio por delitos leves. Se regula en los artículos 962 a 977 de la Ley de Enjuiciamiento Criminal. Se reserva para la persecución de los delitos leves (antiguas faltas penales) y se caracteriza por la enorme reducción de la fase de investigación que en muchos casos desaparece por completo siendo las partes convocadas directamente a juicio. No es preceptiva la intervención de abogado salvo en supuestos en los que la pena de multa sea de al menos de 6 meses. Es competencia del

Juez de Instrucción para dictar la sentencia. En algunos casos, recogidos en los artículos 962 y 963 de la Ley de Enjuiciamiento Criminal, cabe también el enjuiciamiento inmediato del delito leve en el juzgado de guardia.

1.2 Los órganos jurisdiccionales penales

El Tribunal Constitucional. Este tribunal no es, propiamente, un órgano del Poder Judicial, sino constitucional. Tampoco tiene competencias propiamente penales. Su tarea, en lo que aquí interesa, se limita a decidir si las normas con rango de ley son conformes a la Constitución o no y a resolver los recursos de amparo contra actos de los poderes públicos contrarios a los derechos fundamentales y libertades públicas reconocidos en la Constitución. Sin embargo, en la práctica, al realizar tales tareas, sobre todo la relativa a los recursos de amparo, muy a menudo interpreta las leyes penales y sienta criterios de gran importancia para su aplicación e interpretación que, incluso, condicionan futuras regulaciones legales.

El Tribunal Supremo (Sala 2ª). Es, básicamente competente para resolver los recursos de casación contra las sentencias dictadas en primera instancia por las Audiencias y contra algunas otras resoluciones y de revisión, como recursos extraordinarios contra sentencias firmes en algún caso. También es competente para conocer de las causas contra determinados aforados.

La Audiencia Nacional. En materia penal está formada por los Juzgados Centrales de Instrucción, de Menores, de Vigilancia Penitenciaria y de lo Penal y por la Sala de lo Penal. Cada uno de estos órganos es competente para las funciones propias de los ordinarios de su clase en el ámbito competencial propio de la Audiencia Nacional que viene definido por el artículo 65 de la Ley Orgánica del Poder Judicial:

La Sala de lo Penal de la Audiencia Nacional conocerá:

1.º Del enjuiciamiento, salvo que corresponda en primera instancia a los Juzgados Centrales de lo Penal, de las causas por los siguientes delitos:

a) Delitos contra el titular de la Corona, su consorte, su sucesor, altos organismos de la Nación y forma de Gobierno.

b) Falsificación de moneda, delitos monetarios y relativos al control de cambios.

c) Defraudaciones y maquinaciones para alterar el precio de las cosas que produzcan o puedan producir grave repercusión en la economía nacional o perjuicio patrimonial en una generalidad de personas en el territorio de más de una Audiencia.

d) Tráfico de drogas o estupefacientes, fraudes alimentarios y de sustancias farmacéuticas o medicinales, siempre que sean cometidos por bandas o grupos organizados y produzcan efectos en lugares pertenecientes a distintas Audiencias.

e) Delitos cometidos fuera del territorio nacional, cuando conforme a las leyes o a los tratados corresponda su enjuiciamiento a los Tribunales españoles

En todo caso, la Sala de lo Penal de la Audiencia Nacional extenderá su competencia al conocimiento de los delitos conexos con todos los anteriormente reseñados.

2.º De los procedimientos penales iniciados en el extranjero, de la ejecución de las sentencias dictadas por Tribunales extranjeros o del cumplimiento de pena de prisión impuesta por Tribunales extranjeros, cuando en virtud de un tratado internacional corresponda a España la continuación de un procedimiento penal iniciado en el extranjero, la ejecución de una sentencia penal extranjera o el cumplimiento de una pena o medida de seguridad privativa de libertad.

3.º De las cuestiones de cesión de jurisdicción en materia penal derivadas del cumplimiento de tratados internacionales en los que España sea parte.

4.º Del procedimiento para la ejecución de las órdenes europeas de detención y entrega y de los procedimientos judiciales de extradición pasiva, sea cual fuere el lugar de residencia o en que hubiese tenido lugar la detención del afectado por el procedimiento.

5.º De los recursos establecidos en la Ley contra las sentencias y otras resoluciones de los Juzgados Centrales de lo Penal, de los Juzgados Centrales de Instrucción y del Juzgado Central de Menores

6.º De los recursos contra las resoluciones dictadas por los Juzgados Centrales de Vigilancia Penitenciaria de conformidad con lo previsto en la disposición adicional quinta.

7.º De cualquier otro asunto que le atribuyan las leyes.

Estos tres órganos radican en Madrid y extienden su competencia a todo el territorio nacional.

Las salas de lo Civil y Penal de los Tribunales Superiores de Justicia. Radican en las capitales de las comunidades autónomas, salvo en algún caso, y están formadas por Magistrados, un tercio de ellos nombrados a propuesta de la Asamblea Legislativa de la comunidad. En materia penal son competentes para los asuntos señalados por el artículo 73. 3 y 4 de la Ley Orgánica del Poder Judicial:

Como Sala de lo Penal corresponde a esta Sala:

a) El conocimiento de las causas penales que los Estatutos de Autonomía reservan al conocimiento de los Tribunales Superiores de Justicia.

b) La instrucción y el fallo de las causas penales contra jueces, magistrados y miembros del Ministerio Fiscal por delitos cometidos en el ejercicio de su cargo en la comunidad autónoma, siempre que esta atribución no corresponda al Tribunal Supremo. Para la instrucción de estas causas se designará de entre los miembros de la Sala, conforme a un turno preestablecido, un Instructor que no formará parte de la misma para enjuiciarlas.

c) El conocimiento de los recursos de apelación contra las resoluciones dictadas en primera instancia por las Audiencias Provinciales, así como el de todos aquellos previstos por las leyes.

Sobre la base de este punto, la **Disposición Transitoria de la L.O. 4/1988** de 25 de mayo atribuye a la Audiencia Nacional la competencia en delitos de terrorismo.

d) La decisión de las cuestiones de competencia entre órganos jurisdiccionales del orden penal con sede en la comunidad autónoma que no tengan otro superior común.

Le corresponde, igualmente, la decisión de las cuestiones de competencia entre Juzgados de Menores de distintas provincias de la comunidad autónoma.

Su competencia territorial se extiende a su comunidad autónoma.

Las Audiencia Provinciales. Radican en las capitales de provincia, aunque en algunas localidades especialmente importantes pueden establecerse ciertas secciones. Están integradas por Magistrados y sus competencias son las señaladas en el artículo 82 de la Ley Orgánica del Poder Judicial:

Las Audiencias Provinciales conocerán en el orden penal:

1º. De las causas por delito, a excepción de las que la ley atribuye al conocimiento de los Juzgados de lo Penal o de otros Tribunales previstos en esta Ley.

2º. De los recursos que establezca la ley contra las resoluciones dictadas por los Juzgados de Instrucción y de lo Penal de la provincia.

3.º De los recursos que establezca la ley contra las resoluciones de los Juzgados de Vigilancia Penitenciaria, cuando la competencia no corresponda a la Sala de lo Penal de la Audiencia Nacional.

4.º De los recursos que establezca la ley contra las resoluciones en materia penal dictadas por los Juzgados de Violencia sobre la Mujer de la provincia. A fin de facilitar el conocimiento de estos recursos, y atendiendo al número de asuntos existentes, deberán especializarse una o varias de sus secciones de conformidad con lo previsto en el artículo 98 de la citada Ley Orgánica. Esta especialización se extenderá a aquellos supuestos en que corresponda a la Audiencia Provincial el enjuiciamiento en primera instancia de asuntos instruidos por los Juzgados de

Violencia sobre la Mujer de la provincia.

Las Audiencias Provinciales conocerán también de los recursos contra las resoluciones de los Juzgados de Menores con sede en la provincia y de las cuestiones de competencia entre los mismos. En el seno de las audiencias provinciales se constituye el Tribunal del Jurado que, como ya hemos visto, está formado por uno de sus Magistrados, que lo preside aunque no delibera con los miembros del jurado, y por éstos en número de nueve obtenidos a través de sucesivos sorteos de entre las personas censadas en la correspondiente provincia. Tales ciudadanos pertenecen al Poder Judicial en tanto el Jurado está constituido. Como regla general, su competencia es provincial, aunque si existen secciones con sede fuera de la capital éstas limitan su competencia a ciertos partidos judiciales.

Los Juzgados de Menores. Con carácter general, radican igualmente en la capital de la provincia y su competencia se extiende a ésta. Se hallan servidos por Magistrados, aunque se trata de órganos unipersonales. Sus competencias vienen marcadas en la L.O. 5/2000 y se centran en el enjuiciamiento de los menores delincuentes en los términos antes esbozados.

Los Juzgados de lo Penal. Su sede y su ámbito territorial de competencia, como regla general, es la capital de la provincia, aunque también pueden radicar en localidades importantes en cuyo caso limitan su competencia a uno o varios partidos judiciales. Los dirigen igualmente Magistrados y sus competencias se centran en el enjuiciamiento de aquellos procedimientos abreviados o diligencias urgentes por delitos castigados en la ley con penas privativas de libertad no superiores a cinco años, o a diez años si son de otra naturaleza, o multas de cualquier cuantía.

Los Juzgados de Instrucción. Radican en las cabeceras de los correspondientes partidos judiciales, extendiendo a éstos su competencia ordinaria, y se hallan dirigidos por Magistrados en las capitales provinciales y localidades más importantes y por Jueces en los demás casos. Su principal competencia, como ya hemos apuntado, es la instrucción de las causas por un delito que incluye las eventuales autorizaciones para aquellas diligencias de investigación que impliquen la limitación de algún derecho fundamental (entradas y registros domiciliarios, intervención de las comunicaciones postales, telegráficas, telefónicas o de cualquier otro tipo, obtención no voluntaria de muestras biológicas, etcétera). También son competentes para el enjuiciamiento de los delitos leves, para los procedimientos de "*habeas corpus*" y, en ciertos casos en las diligencias urgentes, para dictar sentencias de conformidad por delitos (artículo 801 de la Ley de Enjuiciamiento Criminal).

Los Juzgados de Violencia sobre la Mujer. Son una creación de la Ley Orgánica 1/2004 de 28 de diciembre de Medidas de Protección Integral contra la Violencia de Género. Radican en todos los partidos judiciales, aunque sólo en algunas grandes ciudades tienen carácter exclusivo. Están dirigidos por Jueces o Magistrados según los casos y su competencia, como regla general, se extiende al correspondiente partido en lo que al territorio se refiere. En cuanto a las materias de su competencia, vienen definidas en el artículo 14.5 de la Ley de Enjuiciamiento Criminal:

Los Juzgados de Violencia sobre la Mujer serán competentes en las siguientes materias, en todo caso de conformidad con los procedimientos y recursos previstos en esta Ley:

a) De la instrucción de los procesos para exigir responsabilidad penal por los delitos recogidos en los títulos del Código Penal relativos a homicidio, aborto, lesiones, lesiones al feto, delitos contra la libertad, delitos contra la integridad moral, contra la libertad e indemnidad sexuales o cualquier otro delito cometido con violencia o intimidación, siempre que se hubiesen cometido contra quien sea o haya sido su esposa, o mujer que esté o haya estado ligada al autor por análoga relación de afectividad, aun sin convivencia.

También instruyen las causas de los delitos cometidos sobre los descendientes, propios o de la esposa o conviviente, o sobre los menores o incapaces que con él convivan o que se hallen sujetos a la potestad, tutela, curatela, acogimiento o guarda de hecho de la esposa o conviviente, cuando también se haya producido un acto de violencia de género.

b) De la instrucción de los procesos para exigir responsabilidad penal por cualquier delito contra los derechos y deberes familiares, cuando la víctima sea alguna de las personas señaladas como tales en la letra anterior.

c) De la adopción de las correspondientes órdenes de protección a las víctimas, sin perjuicio de las competencias atribuidas al Juez de Guardia.

d) Del conocimiento y fallo de los delitos leves, cuando la víctima sea alguna de las personas señaladas como tales en la letra a) de este apartado.»

No obstante, tienen también competencias civiles en materia de derecho de familia y en conexión con los casos de violencia sobre la mujer (artículo 44 de la ley).

EJERCICIOS DE AUTOCOMPROBACIÓN

TEMA 1

1. ¿Cuáles son las tres fases del proceso penal?
A. La investigación, la inspección ocular y el juicio oral.
B. La investigación, la decisión sobre la apertura de juicio oral y el juicio con la correspondiente sentencia.
C. La investigación, la decisión sobre la apertura de juicio y la formación del tribunal.

2. ¿De quién es competencia el sumario en su fase de investigación?
A. Del juzgado de instrucción.
B. De la Audiencia Provincial.
C. De la Audiencia Nacional.

3. La tramitación de un juicio rápido no dura más allá de:
A. Unas pocas horas como máximo.
B. Unas pocas semanas como máximo.
C. Unos pocos meses como máximo.

4. El Procedimiento de Menores se aplica a:
A. A los menores que hayan cumplido ya los 14 años.
B. A quienes cometan un delito a partir de 16 años.
C. A quienes delincan a partir de los 13 años.

5. ¿Cuál de las tres opciones define el juicio sobre delitos leves?
A. Se reserva para las infracciones criminales leves y la partes son convocadas directamente a juicio.
B. Se reserva para las infracciones criminales leves y el juez dicta sentencia sin juicio.
C. Se reserva para las infracciones administrativas y las diligencias no deben pasar de 10 folios.

6. Las competencias de un juzgado de lo penal se centran en:
A. Aquellos procedimientos abreviados por delitos castigados en la ley con penas privativas de libertad no superiores a cuatro años o multas inferiores a 6.000 euros.
B. Aquellos procedimientos abreviados o diligencias urgentes por delitos castigados en la ley con penas privativas de libertad no superiores a dos años, o multas de cualquier cuantía.
C. Aquellos procedimientos abreviados o diligencias urgentes por delitos castigados en la ley con penas privativas de libertad no superiores a cinco años o a diez si son de otra naturaleza, o multas de cualquier cuantía.

7. ¿Cuál de estas afirmaciones es falsa?:
A. La Audiencia Nacional instruye causas por delitos contra el Rey y su sucesor.
B. La Audiencia Nacional instruye causas por delitos de asesinatos de varias personas.
C. La Audiencia Nacional instruye causas por delitos perpetrados por grupos organizados en lugares pertenecientes a distintas Audiencias.

8. Cuál es la principal competencia de un juzgado de instrucción?
A. La instrucción de las causas por un delito cuya penas privativas de libertad son superiores a 10 años de prisión o multa de cualquier cuantía.
B. La instrucción de las causas por un delito que requieren autorizaciones para diligencias de investigación que implican la limitación de algún derecho fundamental.
C. La instrucción de las causas por varios delitos deferentes.

9. Los Juzgados de Violencia sobre la Mujer serán competentes de:
A. Los delitos de los que son víctimas todas las mujeres.
B. Los delitos con violencia o intimidación o contra la integridad moral de los que son víctimas las mujeres, siempre que se hubiesen cometido contra quien sea o haya sido su esposa, o mujer que esté o haya estado ligada al autor por relación de afectividad, aunque no hayan convivido juntos.
C. Los delitos con violencia o intimidación o contra la integridad moral de los que son víctimas las mujeres, siempre que se hubiesen cometido contra quien sea o haya sido su esposa, o mujer que esté o haya estado ligada al autor por relación de afectividad, y que además hayan tenido un periodo mínimo de convivencia.

10. ¿Cuál de estas afirmaciones es verdadera?
A. El juez de paz es nombrado por cuatro años y no ha de ser necesariamente licenciado en Derecho.
B. El juez de paz tiene que ser al menos abogado y es nombrado cada cinco años.
C. El juez de paz tiene que ser concejal del Ayuntamiento y no ha de ser necesariamente licenciado en Derecho.

SOLUCIONES TEMA 1.
1. B
2. A
3. B
4. A
5. A
6. C
7. B
8. B
9. B
10. A

TEMA 2

LA POLICÍA JUDICIAL

1.-CONCEPTO.

Etimológicamente policía deriva del griego *"politeia"*, nombre otorgado a la colectividad de ciudadanos, a su forma de vida, derechos y estado. También del latín *"politia"*, que era el buen orden que se observaba en las ciudades y repúblicas. El artículo 104 de la Constitución impone, por mandato, que corresponde a la Policía el proteger los derechos y libertades de los ciudadanos.

La Policía Judicial está constituida por aquellas personas que cooperan y colaboran con los órganos judiciales y con el Ministerio Fiscal en las distintas funciones que tienen encomendadas para la averiguación de los delitos y detención de los delincuentes.

La actual Ley de Enjuiciamiento Criminal no ha previsto a lo largo de su articulado una Policía Judicial específica, sino que creó sobre el papel lo que denominó como Policía Judicial en sentido muy genérico, englobando a un conglomerado de fuerzas, funcionarios y cuerpos, que en alguno de los casos poco o nada tenían que ver con la función policial o con el orden público.

2.-REGULACIÓN ACTUAL

La regulación normativa que actualmente afecta a la Policía Judicial, la podemos encontrar en:

a) Constitución Española de 1.978: Título VI "Del Poder Judicial"; art. 126 dice "La Policía Judicial depende de los Jueces, Tribunales y del Ministerio Fiscal en sus funciones de averiguación del delito y descubrimiento y aseguramiento del delincuente, en los términos que la ley establezca". Es decir no define realmente ni el concepto de Policía Judicial, ni determina o enumera a sus componentes, limitándose únicamente y de forma genérica a señalar sus funciones.

b) Ley de Enjuiciamiento Criminal de 1.882 trata "De la Policía Judicial" en los artículos 282 a 298, entre otros.

c) L. O. 6/85 de 1 de julio, Ley Orgánica del Poder Judicial, que trata de la Policía Judicial y de sus unidades especiales en los artículos 443-446.

d) L.O. 2/86 de 13 de marzo, Ley Orgánica de Fuerzas y Cuerpos de Seguridad,

que le dedica diversos artículos y fundamentalmente el Capítulo V del Título II, "De la organización de las Unidades de Policía Judicial", artículos 29-36.

e) Real Decreto 769/87 de 19 de julio sobre regulación de la Policía Judicial.

3.- LA POLICÍA JUDICIAL

3.1 Atribuciones.

El artículo 282 de la LECrim. Establece: *"La Policía Judicial tiene por objeto y será obligación de todos los que la componen averiguar los delitos públicos que se cometieren en su territorio o demarcación; practicar, según sus atribuciones, las diligencias necesarias, para comprobarlos y descubrir a los delincuentes, y recoger todos los efectos, instrumentos o pruebas del delito de cuya desaparición hubiere peligro, poniéndolos a disposición de la Autoridad Judicial.*

Si el delito fuere de los que sólo pueden perseguirse a instancia de parte legítima, tendrían la misma obligación expresada en el párrafo anterior, si se les requiere al efecto".

3.2 Composición.

Según el art. 283 de la LECrim., constituirán la Policía Judicial y serán auxiliares de los Jueces y Tribunales, competentes en materia penal y del Ministerio Fiscal, quedando obligados a seguir las instrucciones que de aquellas reciban a efectos de la investigación de los delitos y persecución de los delincuentes:

1º) Las autoridades administrativas encargadas de la seguridad pública y de la persecución de todos los delitos o de algunos especiales.
2º) Empleados o subalternos de la policía de seguridad, cualquiera que sea su denominación.
3º) Los Alcaldes, Tenientes de Alcalde y Alcaldes de Barrio.
4º) Los Jefes, Oficiales e individuos de la Guardia Civil o de cualquier otra fuerza destinada a la persecución de malhechores.
5º) Los serenos, celadores y cualesquiera otros agentes municipales o policía urbana o rural.
6º) Los guardas de montes, campos y sembrados, jurados o confirmados por la Administración.
7º) Los funcionarios del Cuerpo especial de prisiones.
8º) El personal dependiente de la Jefatura Provincial de Tráfico encargado de la investigación técnica de los accidentes.
Esta enumeración de componentes de la Policía Judicial es evidentemente arcaica, ya que muchos de los citados no disponen de una mínima capacidad o formación técnico-policial.

a) Cuerpos que realizan esta función

Esta función quedó regulada en el artículo 443 de la LOPJ, al decir que competerá, cuando fueran requeridos para prestarla a todos los miembros de las Fuerzas y Cuerpos de Seguridad, tanto si dependen del Gobierno Central como de las Comunidades Autónomas o de los Entes Locales, dentro del ámbito de sus respectivas competencias.

Respecto a quienes tienen la consideración de Fuerzas y Cuerpos de Seguridad, el artículo 2 de la LOFCS, dispone: *"Son Fuerzas y Cuerpos de Seguridad: a) Las FF y CC de Seguridad dependientes del Gobierno de la Nación; b) Los Cuerpos de Policía dependientes de las CC AA; c) Los Cuerpos de Policía dependientes de las Corporaciones Locales".*

En el artículo 1 del R.D. 769/87 se corrobora lo establecido en el artículo 443 de la LOPJ, antes citado.

b) Principios que rigen su actuación.

Las actuaciones de los funcionarios policiales en calidad de Policía Judicial pueden efectuarse, a requerimiento previo o por propia iniciativa.

b.1) A requerimiento previo

En el artículo 2 del RD 769/87, se dispone que los miembros de las FF y CC de Seguridad, en sus funciones de Policía Judicial, desarrollarán sus cometidos a requerimiento de la Autoridad Judicial o Ministerio Fiscal o de sus superiores policiales.

b.2) Actuación por propia iniciativa

También en el artículo 2 antes mencionado se dice que ejercerán las funciones de Policía Judicial por propia iniciativa, en los términos previstos en los artículos siguientes.

Así, el artículo 4 del RD 769/87, dice: *"Todos los miembros de las FF y CC de Seguridad, cualquiera que sea su naturaleza y dependencia, practicarán por su propia iniciativa y según sus respectivas atribuciones, las primeras diligencias de prevención y aseguramiento, así que tengan noticia de la perpetración del hecho presuntamente delictivo, y la ocupación y custodia de los objetos que provinieren del delito o estuvieren relacionados con su ejecución, dando cuenta de todo ello en los términos legales a la Autoridad Judicial o Fiscal, directamente o a través de las Unidades Orgánica de Policía Judicial".*

b.3) Subordinación a los órganos jurisdiccionales y al Ministerio Fiscal.

Esto supone que cualquiera que sea el funcionario policial que estuviera interviniendo en primera instancia o que haya iniciado la investigación, habrá de cesar en la misma al comparecer, para hacerse cargo de ella la Autoridad Judicial o el Fiscal, bien directamente o a través de las Unidades Orgánicas de Policía Judicial.

Asimismo harán entrega de las diligencias practicadas, de los efectos intervenidos y de las personas cuya detención se hubiese acordado. (art. 5 RD 769/87).

4. FUNCIONES GENERALES

Como funciones de carácter general de los miembros que componen la Policía Judicial se pueden citar las siguientes:

1. Proteger los derechos y libertades de los ciudadanos.
2. Mantener la seguridad ciudadana, entendida como la seguridad material de personas y bienes frente a los ataques (violentos o fraudulentos) y en general a toda infracción del ordenamiento que lesione o ponga en peligro los mismos.
3. Prevenir e investigar los delitos.
4. Descubrir y asegurar a los delincuentes.
5. Recoger e intervenir los objetos, instrumentos y pruebas relacionadas con las infracciones penales.
6. Velar por el cumplimiento de las Leyes y demás directrices emanadas de las autoridades administrativas y judiciales.

5. CONFLICTOS DE COMPETENCIAS

5.1) Dentro del mismo Cuerpo Policial.

Uno de los principios básicos de actuación de los miembros de las Fuerzas y Cuerpos de Seguridad, se halla recogido en el artículo 5.1.d) de la L.O. 2/86, cuando dice: *"...deberán sujetarse en su actuación profesional a los principios de jerarquía y subordinación...".*

Esto hay que relacionarlo con lo establecido en el artículo 285 de la LECrim. y, por tanto, si concurriera algún funcionario de Policía Judicial de categoría superior a la del que estuviera actuando, deberá éste darle conocimiento de cuanto hubiese practicado, poniéndose a su disposición.

5.2) Con otros colectivos policiales.

Este encabezamiento se refiere a los conflictos que pudieran surgir entre FF y CC de Seguridad del Estado y Policías Autonómicas y Locales.

En defecto o ausencia de requerimiento judicial o fiscal, la preferencia estaría a favor de las FF y CC de Seguridad del Estado, por su competencia en todo el territorio nacional.

No obstante, la premisa que debería regir toda actuación policial sería la de la coordinación y colaboración y, en todo caso los protocolos o normas de actuación en estos supuestos de conflicto ante una normativa confusa, como la actual deberán ser establecidos en las diferentes Juntas o Comisiones Seguridad y Coordinación.

6. PROCEDIMIENTO ABREVIADO Y ENJUICIAMIENTO RÁPIDO

6.1) Normas de actuación comunes de la Policía Judicial.

Las normas o directrices que se enumeran a continuación se aplicarán tanto en el procedimiento abreviado, como en los supuestos de enjuiciamiento rápido e inmediato de determinados delitos.

1ª. Requerirá la presencia de cualquier facultativo o personal sanitario para prestar, si fuera necesario, los oportunos auxilios al ofendido. El requerido, aunque sólo lo fuera verbalmente, que no atienda sin justa causa el requerimiento será sancionado con una multa de 500 a 5.000 euros, sin perjuicio de la responsabilidad criminal en que hubiera podido incurrir.

2ª. Acompañará al acta de constancia fotografías o cualquier otro soporte magnético o de reproducción de la imagen, cuando sea pertinente para el esclarecimiento del hecho punible y exista riesgo de desaparición de sus fuentes de prueba.

3ª. Recogerá y custodiará en todo caso los efectos, instrumentos o pruebas del delito de cuya desaparición hubiere peligro, para ponerlos a disposición de la Autoridad Judicial.

4ª. Si se ha producido la muerte de una persona y el cadáver se halla en la vía pública, en la vía férrea o en otro lugar de tránsito, lo trasladará al lugar próximo que resulte más idóneo dentro de las circunstancias, restableciendo el servicio interrumpido y dando cuenta de inmediato a la Autoridad Judicial. En las situaciones excepcionales en que haya de adoptarse tal medida de urgencia, se reseñará previamente la posición del interfecto, obteniéndose fotografías y señalando sobre el lugar la situación exacta que ocupaba.

5ª. Tomará los datos personales y dirección de las personas que se encuentren en el lugar en que se cometió el hecho, así como cualquier otro dato que ayude a su identificación y localización, tales como lugar habitual de trabajo, números de teléfono fijo o móvil, número de fax o dirección de correo electrónico.

6ª. Intervendrá, de resultar procedente, el vehículo y retendrá el permiso de circulación del mismo y el permiso de conducir de la persona a la que se impute el hecho.

7ª. En las declaraciones se reseñará el Documento Nacional de Identidad de las personas que las presten, salvo que se trate de Agentes de la Autoridad, en cuyo caso bastará la reseña del número de carné profesional.

8ª. Cumplirá con los deberes de información a las víctimas que prevé la legislación vigente. En particular, informará al ofendido y al perjudicado por el delito de forma escrita de los derechos que les asisten de acuerdo con lo establecido en los artículos 109 y 110. Se instruirá al ofendido de su derecho a mostrarse parte en la causa sin necesidad de formular querella; y tanto al ofendido como al perjudicado, de sus derechos a nombrar Abogado o instar el nombramiento de Abogado de oficio en caso de ser titulares del derecho a la asistencia jurídica gratuita, y de sus derechos a, una vez personados en la causa, tomar conocimiento de lo actuado, sin perjuicio de lo dispuesto en los artículos 301 y 302, e instar lo que a su derecho convenga. Asimismo, se les informará de que, de no personarse en la causa y no hacer renuncia ni reserva de acciones civiles, el Ministerio Fiscal las ejercitará si correspondiere.

La Policía Judicial tendrá la obligación de informar al ofendido y/o perjudicado por un delito y de forma escrita de los derechos que le asisten. En caso de imposibilidad de realizar esta prescripción legal, de lo que debe quedar constancia en las diligencias, no constituye ningún obstáculo procesal dado que en el artículo 776, se dispone que *"en la primera comparecencia el Secretario Judicial, informará al ofendido y al perjudicado, de sus derechos, en los términos previstos en los artículos 109 y 110"*

9ª. Informará en la forma más comprensible al investigado no detenido de los hechos que se le imputan y de los derechos que le asisten previstos en el artículo 118 de la Ley de Enjuiciamiento Criminal:

> a) Derecho a ser informado de los hechos que se le atribuyan, así como de cualquier cambio relevante en el objeto de la investigación y de los hechos imputados. Esta información será facilitada con el grado de detalle suficiente para permitir el ejercicio efectivo del derecho de defensa.
> b) Derecho a examinar las actuaciones con la debida antelación para salvaguardar el derecho de defensa y en todo caso, con anterioridad a que se le tome declaración.
> c) Derecho a actuar en el proceso penal para ejercer su derecho de defensa de acuerdo con lo dispuesto en la ley.
> d) Derecho a designar libremente abogado, sin perjuicio de lo dispuesto en el apartado 1 a) del artículo 527.
> e) Derecho a solicitar asistencia jurídica gratuita, procedimiento para hacerlo y condiciones para obtenerla.

f) Derecho a la traducción e interpretación gratuitas de conformidad con lo dispuesto en los artículos 123 y 127.

g) Derecho a guardar silencio y a no prestar declaración si no desea hacerlo, y a no contestar a alguna o algunas de las preguntas que se le formulen.

h) Derecho a no declarar contra sí mismo y a no confesarse culpable.

La información a que se refiere este apartado se facilitará en un lenguaje comprensible y que resulte accesible. A estos efectos se adaptará la información a la edad del destinatario, su grado de madurez, discapacidad y cualquier otra circunstancia personal de la que pueda derivar una modificación de la capacidad para entender el alcance de la información que se le facilita.

El derecho de defensa se ejercerá sin más limitaciones que las expresamente previstas en la ley desde la atribución del hecho punible investigado hasta la extinción de la pena.

El derecho de defensa comprende la asistencia letrada de un abogado de libre designación o, en su defecto, de un abogado de oficio, con el que podrá comunicarse y entrevistarse reservadamente, incluso antes de que se le reciba declaración por la policía, el fiscal o la autoridad judicial, sin perjuicio de lo dispuesto en el artículo 527 y que estará presente en todas sus declaraciones así como en las diligencias de reconocimiento, careos y reconstrucción de hechos.

Para actuar en el proceso, las personas investigadas deberán ser representadas por procurador y defendidas por abogado, designándoseles de oficio cuando no los hubiesen nombrado por sí mismos y lo solicitaren, y en todo caso, cuando no tuvieran aptitud legal para hacerlo.

Si no hubiesen designado procurador o abogado, se les requerirá para que lo hagan o se les nombrará de oficio si, requeridos, no los nombrasen, cuando la causa llegue a estado en que se necesite el consejo de aquéllos o haya de intentar algún recurso que hiciese indispensable su actuación.

Todas las comunicaciones entre el investigado o encausado y su abogado tendrán carácter confidencial.

Si estas conversaciones o comunicaciones hubieran sido captadas o intervenidas durante la ejecución de alguna de las diligencias reguladas en esta ley, el juez ordenará la eliminación de la grabación o la entrega al destinatario de la correspondencia detenida, dejando constancia de estas circunstancias en las actuaciones.

Lo dispuesto en el párrafo primero no será de aplicación cuando se constate la existencia de indicios objetivos de la participación del abogado en el hecho delictivo investigado o de su implicación junto con el investigado o encausado en la comisión de otra infracción penal, sin perjuicio de lo dispuesto en la Ley General Penitenciaria.

La admisión de denuncia o querella, y cualquier actuación procesal de la que resulte la imputación de un delito contra persona o personas determinadas, serán puestas inmediatamente en conocimiento de los presuntamente responsables.

6.2) Actuación en supuestos de enjuiciamiento rápido de determinados delitos.

El procedimiento regulado en este título se aplicará a la instrucción y al enjuiciamiento de delitos castigados con pena privativa de libertad que no exceda de cinco años, o con cualesquiera otras penas, bien sean únicas, conjuntas o alternativas, cuya duración no exceda de diez años, cualquiera que sea su cuantía, siempre que el proceso penal se incoe en virtud de un atestado policial y que la Policía Judicial haya detenido a una persona y la haya puesto a disposición judicial o que, sin detenerla, la haya citado para comparecer ante el juzgado de guardia por tener la calidad de denunciado en el atestado policial y, además, concurra cualquiera de las circunstancias siguientes:

1ª Que se trate de delitos flagrantes. A estos efectos, se considerará delito flagrante el que se estuviese cometiendo o se acabare de cometer cuando el delincuente sea sorprendido en el acto. Se entenderá sorprendido en el acto no sólo al delincuente que fuere detenido en el momento de estar cometiendo el delito, sino también al detenido o perseguido inmediatamente después de cometerlo, si la persecución durare o no se suspendiere mientras el delincuente no se ponga fuera del inmediato alcance de los que le persiguen. También se considerará delincuente in fraganti aquel a quien se sorprendiere inmediatamente después de cometido un delito con efectos, instrumentos o vestigios que permitan presumir su participación en él.

2ª Que se trate de alguno de los siguientes delitos:

- a) Delitos de lesiones, coacciones, amenazas o violencia física o psíquica habitual, cometidos contra las personas a que se refiere el artículo 173.2 del Código Penal.
- b) Delitos de hurto.
- c) Delitos de robo.
- d) Delitos de hurto y robo de uso de vehículos.
- e) Delitos contra la seguridad del tráfico.
- f) Delitos de daños referidos en el artículo 263 del Código Penal.
- g) Delitos contra la salud pública previstos en el artículo 368, inciso segundo, del Código Penal.
- h) Delitos flagrantes relativos a la propiedad intelectual e industrial previstos en los artículos 270, 273, 274 y 275 del Código Penal.

3ª Que se trate de un hecho punible cuya instrucción sea presumible que será sencilla.

Actuaciones policiales:

1. Sin perjuicio de las actuaciones genéricas que debe realizar la Policía Judicial (282-298 LECrim.), deberá practicar en el tiempo imprescindible y, en todo caso, durante el tiempo de la detención, las siguientes diligencias:

1ª. Solicitará del facultativo o del personal sanitario que atienda al ofendido copia del informe relativo a la asistencia prestada para su unión al atestado policial. Asimismo, solicitará la presencia del médico forense cuando la persona que tenga que ser reconocida no pueda desplazarse al Juzgado de Instrucción durante su servicio de guardia o durante las 72 horas siguientes si el Juez hubiere prorrogado el plazo.

2ª. Informará a la persona a la que se atribuya el hecho, aun en el caso de no procederse a su detención, del derecho que le asiste de comparecer ante el Juzgado de guardia asistido de abogado. Si el interesado no manifestare expresamente su voluntad de comparecer asistido de abogado, la Policía Judicial recabará del Colegio de Abogados la designación de un letrado de oficio.

3ª. Citará a la persona que resulte denunciada en el atestado policial para comparecer en el Juzgado de guardia en el día y hora que se le señale, cuando no se haya procedido a su detención. El citado será apercibido de las consecuencias de no comparecer a la citación policial ante el Juzgado de guardia (la citación para comparecer, podría convertirse en orden de detención).

4ª. Citará también a los testigos para que comparezcan en el juzgado de guardia en el día y hora que se les indique, apercibiéndoles de las consecuencias de no comparecer a la citación policial en el juzgado de guardia (poder incurrir en delito de obstrucción a la Justicia). No será necesaria la citación de miembros de las Fuerzas y Cuerpos de Seguridad que hubieren intervenido en el atestado cuando su declaración conste en el mismo.

5ª. Citará para el mismo día y hora a las entidades a que se refiere el artículo 117 del Código Penal en el caso de que conste su identidad (entidades aseguradoras que hubiesen asumido el riesgo de las responsabilidades pecuniarias derivadas del uso o explotación de cualquier bien, empresa, industria o actividad, cuando como consecuencia de un hecho delictivo se produzca el evento que determine el riesgo asegurado.

6ª. Remitirá al Instituto de Toxicología, al Instituto de Medicina Legal o al laboratorio correspondiente las sustancias aprehendidas cuyo análisis resulte pertinente. Estas entidades procederán de inmediato al análisis solicitado y remitirán el resultado al Juzgado de guardia por el medio más rápido y, en todo caso, antes del día y hora en que se hayan citado a las personas indicadas en las reglas anteriores. Si no fuera posible la remisión del análisis en dicho plazo, la Policía Judicial podrá practicar por sí misma dicho análisis, sin perjuicio del debido control judicial del mismo.

7ª. La práctica de los controles de alcoholemia se ajustará a lo establecido en la legislación de seguridad vial. No obstante, cuando se practicare un análisis de sangre u otro análogo, se requerirá al personal sanitario que lo realice para que remita el resultado al Juzgado de guardia por el medio más rápido y, en todo caso, antes del día y hora de la citación a que se refieren las reglas anteriores.

8ª. Si no fuera posible la remisión al Juzgado de guardia de algún objeto que debiera ser tasado, se solicitará la presencia del perito o servicio correspondiente para que lo examine y emita informe pericial. Este informe podrá ser emitido oralmente ante el Juzgado de guardia. Cuando la Policía Judicial no haya podido cumplimentar lo dispuesto en el párrafo anterior, el Juzgado de Guardia ordenará la práctica por un perito de la tasación de bienes u objetos aprehendidos o intervenidos y puestos a disposición judicial.

9ª. Los miembros de la Policía Judicial podrán requerir el auxilio de otros miembros de las FF y CC de Seguridad cuando fuera necesario para el desempeño de las funciones que por esta Ley se les encomiendan.

10ª. La Policía Judicial extenderá el atestado de acuerdo con las normas generales de esta Ley, y lo entregará al Juzgado competente, pondrá a su disposición a los detenidos, si los hubiere, y remitirá copia al Ministerio Fiscal. Para la realización de las citaciones antes mencionadas, la Policía Judicial fijará el día y la hora de la comparecencia coordinadamente con el Juzgado de guardia. Si la urgencia lo requiriere, las citaciones podrán hacerse por cualquier medio de comunicación, incluso verbalmente, sin perjuicio de dejar constancia de su contenido en la pertinente acta.

A los efectos de la aplicación del procedimiento regulado en este título, cuando la Policía Judicial tuviera conocimiento de la comisión de un hecho incardinable en alguna de las circunstancias previstas en el apartado 1 del artículo 795, respecto del cual, no habiendo sido detenido ni localizado el presunto responsable, fuera no obstante previsible su rápida identificación y localización, continuará las investigaciones iniciadas, que se harán constar en un único atestado, el cual se remitirá al Juzgado de guardia tan pronto como el presunto responsable sea detenido o citado de acuerdo con lo previsto en los apartados anteriores, y en cualquier caso, dentro de los cinco días siguientes. En estos casos la instrucción de la causa corresponderá en exclusiva al Juzgado de guardia que haya recibido el atestado.

Lo dispuesto en este apartado se entiende sin perjuicio de dar conocimiento inmediatamente al Juez de guardia y al Ministerio Fiscal de la comisión del hecho y de la continuación de las investigaciones para su debida constancia.

6.3) Actuación de la Policía Judicial en los supuestos de enjuiciamiento inmediato de determinados delitos leves.

Este procedimiento se aplicará a los delitos leves de lesiones o maltrato de obra, de hurto flagrante, de amenazas, de coacciones o de injurias, cuyo enjuiciamiento corresponda al Juzgado de Instrucción al que se debe entregar el atestado (art. 962 LeCrim).

- **Actuaciones policiales.**

    1ª. La Policía Judicial procederá de forma inmediata, a citar ante el Juzgado de Guardia, en el día y hora que se señale, al denunciado, testigos, ofendido y perjudicado, apercibiéndoles de las consecuencias de su incomparecencia, de la posibilidad de celebrar juicio, aun en el caso de no comparecer, debiendo comparecer con los medios de prueba de que intenten valerse.

    Se advertirá a los citados como partes, testigos y peritos que, si no comparecen ni alegan justa causa para dejar de hacerlo, podrán ser sancionados con la multa de 200 a 2000 euros.

    A la citación del denunciado, se adjuntará copia de la denuncia en la que constará únicamente el nombre y apellidos del denunciante y la descripción de los hechos.

    2ª. A la persona denunciada se le informará por escrito de los hechos en que consista la denuncia y, de su derecho de comparecer ante el Juzgado asistido de abogado. Si no lo designará, se recabará del Colegio de Abogados, el nombramiento de letrado de oficio.

    3ª. Al denunciante, ofendido o perjudicado se le practicará el Ofrecimiento de Acciones, conforme a la regla 1ª del artículo 771 de la LECrim. Además al ofendido o perjudicado se le informará de su derecho a nombrar abogado, o a instar su nombramiento en caso de ser titular del derecho de asistencia jurídica gratuita.

    4ª. Todas las actuaciones anteriores se practicarán por escrito.

    5ª. En el Atestado que se instruya constarán las diligencias y citaciones practicadas y en su caso, la denuncia del ofendido. Al atestado se adjuntará copia de las citaciones practicadas.

7. LA POLICÍA LOCAL COMO POLICÍA JUDICIAL

La actuación de la Policía Local como Policía Judicial tiene en el derecho vigente, básicamente, dos vías: el ya visto *papel colaborador* (artículo 53.1 e) LOFCSE) y su actuación como tal *por directa designación de la Autoridad* Judicial o Fiscal en los términos previstos por el RDPJ especialmente para los supuestos de urgencia o de inexistencia de unidades de Policía Judicial (ver artículos 1 a 4).

- **Límites**

Generales. Los previstos en los artículos 5 a 8 LOFCSE —especialmente a los principios básicos del artículo 5— por envío a los mismos del artículo 52. 1. Los Cuerpos de Policía Local son institutos armados, de naturaleza civil, con estructura y organización jerarquizada, rigiéndose, en cuanto a su régimen estatutario, por los principios generales de los capítulos II y III del título I y por la sección 4ª. del capítulo IV del título II de la LOFCSE.

Territoriales. Como regla general, el término municipal correspondiente (artículo 51.3 LOFCSE: el segundo párrafo de este número, redactado por la LO 1/03 de 10 de Marzo, además de su carácter excepcional no se refiere propiamente a funciones de Policía Judicial).

Formales. El uso de uniforme (artículos 52.3 y 41.3 LOFCSE) sin perjuicio de su posible y excepcional dispensa.

- **Contenido específico**

En primer lugar, el contemplado por el **artículo 53.1 c) LOFCSE**: la instrucción de atestados por accidentes de circulación dentro del casco urbano. La interpretación habitual de este precepto pueda considerarse pacífica en tanto no suelen darse controversias respecto a entenderlo como la atribución de una competencia preferente a la Policía Local para instruir los atestados correspondientes a las infracciones penales que impliquen a vehículos de cualquier clase en el ámbito de la circulación rodada.

También ha de tenerse presente la previsión de la **letra g)** de dicho artículo relativa a las diligencias de prevención o en evitación de la comisión de actos delictivos en el marco de colaboración de las Juntas de Seguridad, aunque estas tareas, por su propia naturaleza predelictual, no pertenezcan, propiamente, a las funciones de Policía Judicial. En cualquier caso, tanto en el caso de los atestados por accidentes de circulación como en este último, el **número 2 de este artículo 53** obliga a comunicar las actuaciones de la Policía Local a los Cuerpos/Fuerzas de Seguridad del Estado competentes.

Las formas y procedimientos de colaboración a nivel local entre los distintos Cuerpos y Fuerzas de Seguridad —estatales, autonómicos o municipales con arreglo al artículo 2 LOCFSE— podrán establecerse en la Junta Local de Seguridad prevista como posibilidad en los municipios con Policía Local por el **artículo 54** LOCFSE.

Más recientemente, se ha añadido una previsión específica de actuación en materia de violencia sobre la mujer en el **artículo 31.2 y 3 de la L.O. 1/04 de Medidas de Protección Integral contra la Violencia de Género** que dice:

2. El Gobierno, con el fin de hacer más efectiva la protección de las víctimas, promoverá las actuaciones necesarias para que las Policías Locales, en el marco de su colaboración con las Fuerzas y Cuerpos de Seguridad del Estado, cooperen en asegurar el cumplimiento de las medidas acordadas por los órganos judiciales cuando éstas sean algunas de las previstas en la presente Ley o en el artículo 544 bis de la Ley de Enjuiciamiento Criminal o en el artículo 57 del Código Penal.

3. La actuación de las Fuerzas y Cuerpos de Seguridad habrá de tener en cuenta el Protocolo de Actuación de las Fuerzas y Cuerpos de Seguridad y de Coordinación con los Órganos Judiciales para la protección de la violencia doméstica y de género.

Dicho protocolo existe y su publicación en la Orden General de la Dirección General de la Policía a fin de que sus disposiciones sirvan de base y como instrumento unificador de criterios en la actuaciones de los Cuerpos y Fuerzas de Seguridad del Estado, se produjo por resolución de la Secretaría de Estado de Seguridad de 28 de Junio de 2005. De la regulación que contiene pueden destacarse los siguientes aspectos:

1. Potenciación de la existencia de funcionarios especializados en la materia en todos los Cuerpos y Fuerzas de Seguridad.

2. Necesidad de proceder a una inicial evaluación del nivel de riesgo para la víctima-denunciante a partir, fundamentalmente, de declaraciones de cuantos puedan informar, de informes de organismos que hayan tenido previo conocimiento de la situación y, sobre todo de la consulta a los distintos registros públicos, especialmente el Central para la Protección de las Víctimas de la Violencia de Género.

3. Establecimiento de un sistema de comunicación y contacto fluido y permanente con la víctima.

4. Aseguramiento de un sistema de protección a la misma cuya intensidad estará en función de la gravedad del riesgo. En todo caso deberá procederse a la incautación de cuantas armas puedan estar a disposición del denunciado y a su detención si procede, especialmente en los casos de quebrantamiento de penas o medidas cautelares previas de alejamiento o protección.

5. Aseguramiento de la presencia de cuantos hayan de participar en la comparecencia prevista por el art. 544 ter. de la Ley de Enjuiciamiento Criminal (orden de protección), asegurando la debida separación entre el denunciado, la víctima y, en su caso, los menores implicados.

6. Atribución del control y seguimiento de las órdenes de protección/ medidas de alejamiento. Las correspondientes medidas estarán en función tanto de lo establecido en la resolución judicial que las establezca como del nivel de riesgo ya referido. Deberán realizarse informes a la Autoridad judicial sobre la evolución de estas tareas de control y seguimiento, especialmente en los casos de cambios relevantes de domicilio, reanudación de la convivencia entre los afectados o renuncia a las medidas de protección por parte de su beneficiario.

7. Máxima rapidez en la tramitación de las denuncias por estas materias, llegándose a anticipar éstas y las correspondientes órdenes de protección cuando no sea posible terminar rápidamente el atestado.

EJERCICIOS DE AUTOCOMPROBACIÓN

TEMA 2

1. ¿Quiénes tienen la consideración de Fuerzas y Cuerpos de Seguridad?

A. Sólo las Fuerzas y Cuerpos de Seguridad dependientes del Gobierno de la Nación.
B. Los Cuerpos de Policía dependientes de las Corporaciones Locales y de las Comunidades Autónomas.
C. Las Fuerzas y Cuerpos de Seguridad dependientes del Gobierno de la Nación y los Cuerpos de Policía dependientes de las Corporaciones Locales y de las Comunidades Autónomas.

2. Las actuaciones de los funcionarios policiales en calidad de Policía Judicial pueden efectuarse...
A. Por requerimiento previo o por propia iniciativa.
B. Sólo por requerimiento del juez.
C. Por propia iniciativa.

3. ¿Cuál de estas funciones no corresponde a la Policía Judicial?

A. Descubrir y asegurar a los delincuentes.
B. Redactar los autos que dicta la Autoridad Judicial.
C. Proteger los derechos y libertades de los ciudadanos.

4. ¿Cuál de las tres afirmaciones es falsa?

A. El detenido tiene derecho a guardar silencio, a no contestar alguna pregunta o declarar sólo ante la Autoridad Judicial.
B. El detenido tiene derecho a no declarar contra sí mismo o a no confesarse culpable.
C. El detenido tiene derecho a declarar sólo ante el funcionario policial.

5. ¿Cuál de estos delitos no puede tener un enjuiciamiento rápido?

A. Un delito de asesinato.
B. Un delito contra la seguridad del tráfico
C. Un delito flagrante relativo a la propiedad intelectual e industrial.

6. Los testigos y peritos que no comparecen a una citación judicial ni alegan una justa causa para dejar de hacerlo....

A. Se enfrentan a una multa de 100 a 1.000 euros.
B. Pueden ser sancionados con una multa de 200 a 2.000 euros.
C. Se enfrentan a una multa de 500 euros.

7. La Policía Judicial puede requerir el auxilio de otros miembros de las Fuerzas y Cuerpos de Seguridad...

A. Cuando fuera necesario para el desempeño de las funciones que realizan.
B. Sólo cuando los delitos que se instruyen se cometan en dos o más términos municipales.
C. Una vez que se incia el atestado ya no se puede requerir el auxilio de otro cuerpo policial.

8. Cuando la Policía Judicial no puede informar, por motivos razonados, de sus derechos al perjudicado por un delito...

A. Tiene que hacerlo constar en las diligencias y no constituye ningún obstáculo procesal.
B. No hace falta que lo haga constar en las diligencias porque no es necesario.
C. Es un obstáculo procesal y el perjudicado ya no se puede personar en la causa.

9. ¿Qué tiene que hacer la Policía Judicial si el detenido no designa abogado?

A. Interrogarlo sin asistencia letrada y pasarlo a disposición judicial.
B. Recabar del Colegio de Abogados el nombramiento de un letrado de oficio.
C. Interrogarlo sin asistencia letrada y hacerlo constar en las diligencias.

10. ¿Quién establece la colaboración a nivel local entre los Cuerpos y Fuerzas de Seguridad estatales, autonómicos y municipales?

A. El Tribunal Superior de Justicia.
B. La Junta Local de Seguridad.
C. El Ayuntamiento de la ciudad.

SOLUCIONES EJERCICIO TEMA 2

1. C
2. A
3. B
4. C
5. A
6. B
7. A
8. A
9. B
10. B

TEMA 3

EL ATESTADO POLICIAL

1.-CONCEPTO Y OBJETO DEL ATESTADO POLICIAL

El atestado policial se define como el documento que contiene las diligencias que practican los funcionarios de la Policía Judicial para la averiguación y comprobación de los hechos presuntamente delictivos, y aprehensión, en su caso, de los responsables.

La naturaleza del atestado policial es de carácter administrativo, aunque debe considerarse como un documento preprocesal, ya que el proceso todavía no se ha iniciado. El objeto del atestado es toda aquella materia sobre la que pueda versar o causar la realización de un atestado, es decir, cualquier infracción penal.

A pesar de la escasa importancia que la LECrim. concede al atestado policial, la mayoría de los procesos penales se inician mediante el atestado policial, por lo que de estas primeras diligencias se derivan una serie de responsabilidades penales para ciertas personas. Por ello, debe ser una actuación policial marcada siempre por la profesionalidad, competencia e imparcialidad, entre otras notas características.

2.-SUJETOS QUE INTERVIENEN EN EL ATESTADO

Los sujetos del atestado son todas aquellas personas que de un modo u otro tienen vinculación con el atestado.

Los sujetos que intervienen en el atestado son los siguientes:

2.1 *Sujetos que instruyen.* Los sujetos que instruyen, como su propio nombre indica, son los encargados de la elaboración material del atestado, normalmente los funcionarios de Policía Judicial y el Juez de Paz. Esta función suelen realizarla dos funcionarios. Uno actúa como Instructor (el de mayor categoría o antigüedad) y asume la dirección técnica del atestado, y el otro realiza funciones de Secretario y se encarga de la confección práctica de las diligencias. Sin embargo, de la ley se deduce que no existe inconveniente en que la instrucción fuera llevada a cabo por un único funcionario que actuaría como Instructor y Secretario.

2.2 *Sujeto activo.* Son las personas que causan el atestado. El sujeto activo puede ser:

-*El denunciante.* Normalmente es la persona afectada, ofendida o agraviada por el hecho punible, aunque también puede serlo una persona vinculada con cualquiera de los anteriores.

Cualquier ciudadano que tenga conocimiento de hechos presuntamente delictivos, tal como disponen los artículos 259 y 264 de la LECrim., puede ser un sujeto activo.

La Policía Judicial, Autoridad Judicial, Ministerio Fiscal e incluso el propio autor del hecho presuntamente delictivo puede iniciar también el atestado.

2.3 *Sujeto pasivo.* Son aquellas personas que como consecuencia de la instrucción del atestado se ven implicadas en los hechos denunciados en un sentido negativo o perjudicial. Así, se consideran sujetos pasivos el denunciado y las demás personas que puedan haber tenido alguna relación en la comisión del hecho presuntamente delictivo.

2.4 *Otros sujetos.* Los testigos, médicos y todas aquellas personas que con sus declaraciones colaboran en el esclarecimiento de los hechos.

3.-REQUISITOS DE LUGAR Y TIEMPO

3.1 Requisitos de lugar

La Ley de Enjuiciamiento Criminal no especifica el lugar donde tienen que redactarse las actuaciones policiales, siendo generalmente las dependencias policiales, pero nada impide e incluso, razones de índole práctica lo aconsejan, la realización de determinadas diligencias o actas en el lugar de los hechos. Estas serían, por ejemplo, las diligencias de entrada y registro, inspección ocular, reconstrucción de los hechos, toma de declaración de un testigo o herido que se encuentra en el hospital o su domicilio.

3.2 Requisitos de tiempo

Varios artículos de la Ley de Enjuiciamiento Criminal concretan la inmediatez con que deben comunicarse a la Autoridad Judicial o Fiscal las diligencias que realizan los funcionarios policiales, especialmente en la investigación de hechos presuntamente delictivos.

Así, el art. 295 afirma textualmente: *"En ningún caso, salvo el de fuerza mayor, los funcionarios de Policía Judicial podrán dejar transcurrir más de veinticuatro horas sin dar conocimiento a la Autoridad Judicial o al Ministerio Fiscal de las diligencias que hubieran practicado".*

El medio de comunicación de las diligencias es, por excelencia, el atestado, pero esto no significa que necesariamente la remisión del atestado deba hacerse en el plazo citado, ya que la propia Constitución otorga un plazo más amplio 72 horas.

Igualmente se puede efectuar la comunicación al juez o al fiscal por cualquier medio que quede constancia, por ejemplo, un oficio informando de los aspectos básicos de las diligencias que se están practicando. Una vez remitido el atestado policial se pueden realizar tantas diligencias ampliatorias como fueran convenientes.

4.-DILIGENCIAS Y ACTAS

El atestado, que se suele identificar con diligencias policiales, está compuesto por las distintas diligencias que describen las diversas actuaciones que lleva a cabo un agente de la Policía Judicial. Por su parte, la diligencia policial es la materialización por escrito de una actuación policial en torno al esclarecimiento de un hecho presuntamente delictivo.

4.1 DILIGENCIAS BÁSICAS

Las diligencias que integran el atestado se pueden clasificar en cuatro grupos:

- Diligencia de inicio.
- Diligencias de investigación.
- Diligencias de trámite.
- Diligencia de remisión.

a) Diligencias de Iniciación. Son las que dan comienzo al atestado como consecuencia de la comparecencia tanto de un particular como de un funcionario policial. Las diligencias de inicio tienen que contener en su encabezamiento todos los datos de identificación de la actuación, lugar (población y dependencia policial), fecha y hora, así como los funcionarios actuantes, es decir el Instructor y el Secretario, y la filiación completa de los comparecientes con números de identificación profesional incluido si son funcionarios policiales.

b) Diligencias de Investigación. Son las diligencias practicadas en la actuación policial y la investigación del presunto hecho delictivo, tales como declaraciones, inspecciones oculares, etc. Junto con las diligencias de trámite conforman lo que se denomina el cuerpo del atestado.

c) Diligencias de trámite. Son de contenido administrativo y sirven para coordinar y estructurar el resto de las diligencias o actas que comprende el atestado policial. Por ejemplo, un acta que se adjunta para hacer constar que se ha procedido a informar de sus derechos a un detenido o se ha trasladado a un investigado a un hospital para que reciba atención médica.

d) Diligencias de remisión. Son las más importantes del atestado, ya que contienen los datos más esenciales: hora y fecha de terminación, folios, autoridad a la que se remite, detenidos, objetos, pruebas del delito e instrumentos intervenidos y que se remiten, efectos que quedan en depósito de sus titulares, copias remitidas y destinatarios, así como cualquier otra circunstancia de interés. En las referencias sobre los detenidos se debe hacer constar si son puestos en libertad, pasan a disposición judicial o quedan en custodia de otro cuerpo policial.

Se debe remitir una copia al Ministerio Fiscal, y si figura como implicado responsable alguna persona aforada se remitirá una copia a su superior jerárquico o al mando superior militar en caso de que perteneciera al Ejército.

4.2 LAS ACTAS POLICIALES

El acta representa *"la materialización de un acto aislado del resto de los demás que se han podido realizar con motivo del atestado, al cual se unirá posteriormente"*. Tiene vida independiente a diferencia del resto de diligencias y comparecencias, y se incluyen sucesivamente unas detrás de otras. Existen tantas clases de acta como actuaciones se puedan practicar, siendo las más frecuentes las de entrada y registro, inspección ocular, declaración, etcétera. Por su puesto, el nombre del acta lo da su contenido.

5.- CARÁCTER SECRETO DEL ATESTADO

El atestado es un documento administrativo cuya vocación es causar el inicio de un futuro proceso, salvo que por tratarse de una denuncia falsa o de un hecho no constitutivo de delito el juez proceda a su archivo. Hay que tener similares cautelas que las establecidas para el sumario, máxime cuando en una gran mayoría de casos el atestado se convierte en la base de futuras investigaciones sumariales, cuyo secreto sería difícil si previamente no se hubiera mantenido el secreto de las diligencias policiales.

Los miembros de las Fuerzas y Cuerpos de Seguridad deben guardar riguroso secreto sobre el contenido de los atestados y diligencias policiales, en relación con el "secreto profesional" regulado y establecido en los artículos 5.5 y 27.3.g) de la Ley Orgánica 2/86, considerándose su violación como una falta muy grave. Pero además esta conducta pudiera incardinarse en el art. 417 del CP que regula y castiga la violación de secretos.

Al carácter secreto del atestado también se refirió el Consejo General del Poder Judicial en 12 de mayo de 1981, cuando hizo pública una declaración en la que textualmente señala: *"Los atestados policiales por causa de delito están sometidos a secreto, lo mismo que las actuaciones judiciales del sumario. Este secreto, que los jueces cumplen escrupulosamente, con idéntico rigor debe ser cumplido por los portavoces de las Fuerzas de Seguridad. Este secreto es un límite al derecho de información reconocido en la Constitución, y así se entiende en todos los Estados de Derecho..."*

6.- VALOR PROCESAL DEL ATESTADO

Respecto al valor procesal del atestado, la sentencia 100/1985 del T.C. dice: *"El atestado policial tiene valor de denuncia y no de prueba, y para que se convierta en auténtico elemento probatorio en el proceso no basta con que se dé por reproducido en el juicio oral, sino que es preciso que sea reiterado y ratificado ante el órgano judicial..."* .

El valor que los Tribunales otorgan al atestado en diferentes sentencias se pueden resumir en los siguientes términos:

a) Cuando se trate de opiniones o informes de los investigados, aunque se les haya instruido de sus derechos constitucionales y hayan gozado de la asistencia letrada, declaraciones de testigos o diligencias semejantes, no se les puede atribuir otro valor que el de meras denuncias.

b) Cuando se trate de informes técnicos emitidos por gabinetes policiales especializados, tienen el valor de dictámenes periciales, especialmente si se ratifican en presencia judicial durante las sesiones del juicio oral y con la posibilidad de que las partes puedan dirigir observaciones o pedir aclaraciones a los funcionarios que emiten los informes.

c) Tratándose de diligencias objetivas y de resultado incontestable como la aprehensión "in situ" de los delincuentes, en los supuestos en que estos son sorprendidos en situación de flagrancia o casi flagrancia, ocupación y recuperación de efectos e instrumentos del delito, armas, drogas, entrada y registro en lugar cerrado y lo que se hallara en su interior (siempre que medie mandamiento judicial o consentimiento del morador o del que tiene derecho a excluir), y la práctica de la prueba de alcoholemia, el valor que debe atribuirse al atestado es el de verdadera prueba a la libre valoración de los jueces y magistrados.

7.- REGLAS PARA LA ELABORACIÓN DEL ATESTADO

Para la elaboración del atestado deberemos tener en cuenta las siguientes fuentes:
    1.- La Ley.
    2.- Las instrucciones, órdenes o circulares emitidas por los superiores jerárquicos.
    3.- La propia práctica policial en todo aquello que no estuviera regulado.

7.1 REGLAS DE FONDO Y FORMA DEL ATESTADO POLICIAL.

a) Cuestiones de fondo.

1. El atestado habrá de contener las diligencias realizadas por la Policía Judicial con declaraciones, informes y anotaciones de circunstancias observadas. Al comenzar cualquier actuación se debe dar cumplimiento primeramente a las diligencias de prevención: protección de perjudicados, consignación de pruebas, identificación y en su caso aprehensión del delincuente. Las diligencias deberán confeccionarse con un sentido coherente y lógico en lo referente a la práctica de gestiones a lo largo del atestado.

2. Debe primar la objetividad en situaciones en las que la Policía Judicial haya observado los hechos con gran dureza o sufrido los efectos de los mismos (atentado, desacato, etc.).

3. Exactitud en lo afirmado en las diligencias para evitar inexactitudes imprudentes que pueden llevar aparejadas las correspondientes responsabilidades penales, civiles o disciplinarias. No se deben emitir juicios de valor y hay que evitar el abuso de diligencias de carácter subjetivo. Será el juez quien juzgue, no la policía judicial. Una excepción a esta premisa la podemos tener en la diligencia de inspección ocular e informe en el caso de un accidente de tráfico, en la que sí que es conveniente, si se disponen de elementos de juicio suficientes, el determinar la dinámica del accidente y, en su caso, el posible responsable del mismo. Por ello, en este atestado hay que indicar las causas que se consideran como inmediatas, es decir, las causas que directamente han ocasionado el accidente de tráfico.

4. El atestado no debe calificar jurídicamente los hechos. Así, por ejemplo, en vez de calificar un hecho como robo, hurto, apropiación indebida, etc, se califica como presunto delito contra el patrimonio.

5. Demostración de los hechos que se escriben con fotografías, planos, fotocopias documentales, etc. Se trata de formar la convicción del juez con todas las pruebas disponibles.

6. En caso de duda sobre la admisión o no de una denuncia, ésta se tramitará siempre a efectos de evitar posibles responsabilidades.

b) **Pautas en cuanto a la forma.**

1. El atestado debe ser elaborado por funcionarios de Policía Judicial.

2. Una narración precisa y sencilla, pero al mismo tiempo no hay que omitir detalles o relatar los hechos de manera insuficiente o incompleta. Por ello, hay que realizar un esfuerzo de síntesis para conseguir una rápida lectura y ubicación del atestado.

3. En la redacción se escribirán los apellidos en mayúsculas y el nombre en minúsculas.

4. En la medida de lo posible se deben evitar abreviaturas y guarismos, y cuando se utilicen se consignará a continuación y, entre paréntesis, el correspondiente significado en letra.

5. Orden cronológico. Las diligencias se tienen que redactar por orden cronológico para una mejor comprensión.

6. Márgenes. En la derecha se dejará alrededor de un centímetro y en la izquierda la cuarta parte de la anchura del folio. Lógicamente en el reverso los márgenes serán los contrarios.

7. Los folios irán numerados en su parte superior, comenzando con el segundo, numerándolo con el dos o segundo y así sucesivamente.

8. Lo ideal es redactar a espacio y medio.

9. No se dejan espacios en blanco que permitan interpolaciones. En el punto, dos puntos aparte y el final de la diligencia, el renglón habrá de rellenarse con puntos o preferentemente con guiones.

10. Todos los folios llevarán en el anverso y a lo largo del margen izquierdo la rúbrica del Secretario y el sello de la dependencia.

11. Todos los atestados deberán ser registrados en el libro de registro de salida de la dependencia.

12. El Secretario firmará todas y cada una de las diligencias/actas. El Instructor firmará todas las diligencias/actas, menos las de mero trámite.

13. Entre cada una de las diligencias se dejará un espacio en blanco a los efectos citados en el párrafo anterior.

14. Los presentes, testigos, peritos, abogado, y actuantes serán invitados a firmar el atestado, haciéndolo en el lado derecho, ya que en el izquierdo lo hará el Instructor y en el centro el Secretario. Sin alguno de ellos no quisiera firmar, se explicará el motivo de la negativa mediante una diligencia que se extenderá a continuación. Cuando la diligencia hubiera de continuarse en un nuevo folio, los interesados habrán de firmar en ambos y los sucesivos que pudieran ocuparse, bien en la parte baja o bien en el margen ancho.

15. No deberán figurar en el atestado interlineados, raspaduras, tachaduras o rectificaciones.

16. Cuando la diligencia deba continuar en otro folio o página, debajo del último renglón de la página anterior y encima del primero de la siguiente deberá hacerse constar tal circunstancia mediante:

7.2) Reglas para la elaboración del atestado en el procedimiento abreviado y en los supuestos de Juicios Rápidos e inmediatos.

A) Disposiciones generales.

Además de los protocolos que se utilizan en la práctica de diligencias, se informará a la persona a la que se le atribuye el hecho delictivo, aún en el caso de no ser detenida, del derecho que le asiste de comparecer ante el Juzgado de Guardia asistida de abogado. Si el interesado no manifestara su voluntad de comparecer asistido de letrado, la Policía Judicial recabará del Colegio de Abogados la designación de un letrado de oficio y hará indicación expresa en la comunicación al Colegio de Abogados que la asistencia es para un procedimiento de juicio rápido.

En el atestado se adjuntarán, inexcusablemente, copias de las citaciones practicadas. Junto con el original que se remita al Juzgado, se remitirá también una copia al Ministerio Fiscal.

B) Clases de atestados.

En el procedimiento para el enjuiciamiento rápido de determinados delitos se distinguen los siguientes tipos de atestados:

B.1) **Atestado con detenido. (JRD).** Se realiza cuando se procede a la entrega en el Juzgado de Guardia de la persona detenida junto con las diligencias instruidas. La primera hoja del atestado se identificará con la inscripción JRD, que hace referencia a juicio rápido con detenido.

Las diligencias deberán contener fundamentalmente los siguientes extremos:

a) Delito por el que se instruye el atestado, detallando la identidad de los lesionados si los hubiere, así como los desperfectos ocasionados, los efectos incautados (que deben ser tasados) o las sustancias que se hayan remitido al laboratorio para su análisis. También se identifica en este supuesto el laboratorio.

b) Fecha y lugar de la comisión del hecho, indicando si es ampliación de otro u otros atestados y Juzgado al que se remitió en su día. Si se ha practicado la citación de lesionados o testigos, se hará constar la hora de la comparecencia, acompañando acta de la citación verbal o copia de la escrita. La citación verbal se utilizará únicamente en casos excepcionales.

c) Si no se ha podido practicar la citación del algún perjudicado o testigo, se reseñarán los datos que permitan su localización para facilitar al Juzgado su posterior citación a juicio oral.

d) Cuando el investigado, la víctima o el testigo sea extranjero se indicarán las lenguas habladas por el mismo.

En la instrucción de este tipo de atestados debe procederse a la citación ante el Juzgado de Guardia de las siguientes personas consideradas como víctimas o testigos:

a) Las que presentes lesiones como consecuencia del delito cometido. Estas personas serán reconocidas por el médico forense siempre que pudieran acudir al Juzgado dentro del plazo de duración de la guardia.

b) Los extranjeros y nacionales desplazados temporalmente cuando, por el periodo de estancia en la localidad, pudiera suponerse que no comparecerán al acto del juicio oral. La finalidad es configurar la práctica de la prueba preconstituida en el Juzgado de Guardia.

c) Los testigos que hubieran presenciado la comisión del hecho y la participación del detenido en el mismo, por si fuera preciso realizar la diligencia de reconocimiento en rueda o concretar algunos aspectos.

Respecto de otros testigos y perjudicados, no resulta necesaria su citación ante el

Juzgado de Guardia, aunque en sede policial deben ser oídos en declaración e informados de sus derechos. Asimismo, se deben consignar en diligencias todos sus datos de identificación para posteriores diligencias judiciales o citación al juicio oral.

B.2) **Atestado sin detenido (JRSD).** Como su nombre indica se utiliza este tipo de atestado cuando no se haya procedido a la detención del presunto autor del hecho, y en los casos en que, habiéndose producido la detención, se acuerde su puesta en libertad a la vista de las diligencias practicadas.

La primera hoja del atestado se identificará con las iniciales JRSD, es decir juicio rápido sin detenido. Además de lo anteriormente expuesto para los JRD, deberá constar la diligencia de citación del investigado no detenido en el Juzgado de Guardia, haciendo constar la fecha y hora.

Respecto al resto de normas, se seguirán las indicaciones aportadas para las diligencias de JRD. Cada uno de los atestados debe ir acompañado del denominado documento-resumen.

C) Elaboración del atestado en el procedimiento por delitos leves.

En estos resulta inexcusable la confección del oportuno atestado, el cual deberá remitirse al Juzgado de Guardia correspondiente, distinguiéndose de faltas de enjuiciamiento inmediato y los demás casos.

1) En los delitos leves de enjuiciamiento inmediato.

La primera hoja de este tipo de atestado se identificará con la inscripción JIF, que hace referencia a juicios inmediatos por delito leve. Estas diligencias deberán contener fundamentalmente los siguientes extremos:

-El delito leve por el que se instruye el atestado.
-La fecha y lugar de la comisión del hecho.
-En su caso, la denuncia del ofendido.
-Las citaciones practicadas a denunciantes, denunciados, testigos con indicación del día y hora de comparecencia ante el Juzgado correspondiente, acompañando actas de las citaciones verbales practicadas o copia de las citaciones escritas. Al denunciante y al ofendido o perjudicado se les informará de sus derechos (ofrecimiento de acciones).
-A la persona denunciada se le informará de los hechos en que consista la denuncia y del derecho que le asiste de comparecer asistido de abogado. Dicha notificación se hará en todo caso por escrito.

La Policía Judicial hará entrega del atestado en el Juzgado de Guardia, en el que consten las diligencias y citaciones practicadas y, en su caso, la denuncia del ofendido.

2) En otros procedimientos por delitos leves.

En los supuestos de delitos leves no comprendidas en el apartado anterior, se instruirá el oportuno atestado, que se remitirá al Juzgado de Guardia, en el que consten las diligencias practicadas, así como el ofrecimiento de acciones al ofendido o perjudicado.

EJERCICIOS DE AUTOCOMPROBACIÓN

TEMA 3

1. ¿Quién es el sujeto pasivo de un atestado?

A. La persona que denuncia el hecho delictivo.
B. El denunciado y demás personas que han tenido relación en la comisión del delito.
G. El policía o guardia civil que recoge la denuncia.

2. ¿Cuál de estas afirmaciones es verdadera?
A. Las actuaciones policiales se redactan normalmente en las instalaciones policiales, pero nada impide la realización de algunas diligencias en el lugar de los hechos.
B. La Ley de Enjuiciamiento Criminal especifica que el único lugar donde tienen que redactarse las actuaciones policiales son las dependencias policiales.
C. La Ley de Enjuiciamiento Criminal especifica que el lugar donde tienen que redactarse las actuaciones policiales es el juzgado de guardia.

3. ¿Qué son las diligencias de iniciación?
A. Son las primeras diligencias que realiza el secretario del juzgado.
B. Son las que dan comienzo al atestado tras la comparecencia de un particular y un funcionario policial.
C. Son las primeras diligencias de investigación que realiza la Policía Judicial.

4. ¿Cuál es la opción verdadera?
A. Una inspección ocular es una diligencia de trámite.
B. Una inspección ocular es una diligencia de iniciación.
C. Una inspección ocular es una diligencia de investigación.

5. ¿Qué son las diligencias de remisión?
A. Son unas diligencias de trámite que se remiten a otro cuerpo policial.
B. Son las más importantes del atestado y las que contienen los datos más esenciales.
C. Son de contenido administrativo y sirven para ampliar el atestado.

6. La definición de acta policial es:
A. La materialización de un acto aislado del resto de los demás que se han realizado con motivo del atestado.
B. Escrito que se manda al juzgado para informar de la presentación de una denuncia.
C. El atestado que incluye todas las diligencias de iniciación, trámite e investigación.

7. La violación del carácter secreto del atestado supone:
A. Una multa cuya cuantía oscila entre los 100 y 6.000 euros.
B. Una falta leve.
C. Una falta muy grave.

8. ¿Qué frase es la verdadera?
A. El atestado policial tiene valor de denuncia.
B. El atestado policial tiene valor de denuncia y de prueba.
C. El atestado policial tiene valor de prueba.

9. En el atestado policial de primar:
A. La calificación jurídica del hecho delictivo.
B. La objetividad y la demostración de los hechos que se redactan.
C. Las conclusiones del Instructor y el Secretario

10. ¿Cuál de estas afirmaciones es falsa?
A. Cuando el detenido queda en libertad y no pasa a disposición judicial no es necesario realizar el atestado.
B. Si no hay detenidos o quedan en libertad a la vista de las diligencias practicadas, el atestado se realiza y termina igualmente.
C. Si no hay detenidos durante el atestado, el Instructor informa al juez y este último decide si se tiene que realizar el atestado.

SOLUCIONES TEMA 3:

1. A
2. A.
3. B.
4. C
5. B
6. A
7. C
8. A
9. B
10. B

TEMA 4

INICIO DEL ATESTADO: COMPARECENCIAS Y OTRAS DILIGENCIAS

1.-LA DENUNCIA DE LOS HECHOS

Según los artículos 259 y 264 de la Ley de Enjuiciamiento Criminal, toda persona mayor de 14 años y que no sea incapaz, según el Código Civil, tiene la obligación de denunciar ante la autoridad más próxima el hecho delictivo presenciado o del que tuviera conocimiento por cualquier otro medio. Así, la denuncia es una obligación consistente en informar a la autoridad competente, *"por escrito o de palabra, personalmente o por medio de mandatario con poder especial"*, según el artículo 265 de la Ley de Enjuiciamiento Criminal acerca de un hecho que se supone punible. Este es el medio más corriente de iniciarse el proceso.

La denuncia escrita, que es un medio poco empleado, consiste en que el denunciante realiza un escrito con los hechos que quiere denunciar y lo presente directamente en el Juzgado o en las dependencias policiales.

En la denuncia verbal, la más utilizada, el denunciante se persona en el Juzgado o en las dependencias policiales y declara ante el funcionario que extiende la correspondiente acta, siendo firmada por ambos. La autoridad o funcionario que la recibe debe rubricar y sellar todas las hojas en presencia del denunciante, que también la rubricará por sí o por medio de otra persona a su ruego. La denuncia se efectúa personalmente cuando el denunciante comparece ante el órgano receptor de la misma.

La denuncia por mandatario tiene lugar cuando quien presenta la denuncia lo hace mediante un poder de representación, en nombre de otra persona o empresa.

En la denuncia se harán constar los datos de filiación del denunciante, mediante documento nacional de identidad o por otros medios que se consideren suficientes a juicio del receptor. Si el denunciante lo pide se le extenderá un resguardo de la denuncia, siendo suficiente una copia o fotocopia debidamente sellada. Existen excepciones a la obligación de denunciar recogidas en los artículos 260, 261 y 263 de la Ley de Enjuiciamiento Criminal.

1.1 CLASES DE DENUNCIA.

- ***Por delitos públicos***: La denuncia de un delito público, que es perseguible de oficio, y en consecuencia, la Policía Judicial, el Ministerio Público y el juez asumen la obligación de intervenir

- ***Por delitos privados***: Son los perseguidos mediante la presentación de una querella de la parte ofendida y tienen por objeto poner en conocimiento del Juez la comisión de un delito como las ofensas (calumnias e injurias) dirigidas contra el funcionario público, autoridad o agente sobre hechos concernientes al ejercicio de sus cargos. Sin olvidar los delitos privados en general (calumnias e injurias).

1.2 EFECTOS DE LA DENUNCIA

Respecto al denunciante no produce ningún efecto, ya que no tiene la obligación de demostrar la veracidad de los hechos denunciados. La única posible responsabilidad sería en el caso de realizar, a sabiendas, una acusación o denuncia falsa o simulación de delito.

2.-DENUNCIA VERBAL

Cuando la denuncia sea verbal, la Ley de Enjuiciamiento Criminal dispone en su art. 267 lo siguiente: *"... se extenderá una acta por la autoridad o funcionario que la recibiere, en la que, en forma de declaración, se expresaran cuantas noticias tenga el denunciante relativas al hecho denunciado y a sus circunstancias, firmándola ambos a continuación"*

La diligencia inicial debe contener en su encabezamiento todos los datos de identificación de la actuación, lugar, dependencia policial, hora, fecha y funcionarios actuantes; así como de los comparecientes con su filiación completa o número de identificación profesional.

La denuncia verbal se traduce en el atestado en una diligencia de iniciación del mismo mediante la correspondiente comparecencia, que puede ser de un particular o de un funcionario policial, y en la que se reflejan los primeros datos. La denuncia verbal hace constar el hecho denunciado y es por tanto el origen y fundamento de las demás.

3.-COMPARECENCIAS

La comparecencia es la forma más usual de iniciar un atestado, aunque también pueden aparecer a lo largo del cuerpo del atestado, sin tener el carácter de denuncia. Un ejemplo sería la comparecencia de funcionarios comisionados para realizar una determinada gestión.

Las comparecencias pueden ser diversas según lo que denuncian los particulares o funcionarios policiales. Así, es preciso diferenciar:

- *Comparecencia por una denuncia verbal de un particular.*
- *Comparecencia por agentes policiales.*
- *Comparecencia por requerimiento-denuncia de un delito privado.*
- *Comparecencia reseñando una denuncia de un particular por escrito.*

4.-COMPARECENCIA POR UNA DENUNCIA VERBAL

La palabra COMPARECENCIA se escribe en mayúsculas y subrayada, iniciándose el texto en el margen superior izquierdo.

A) ENCABEZAMIENTO.
Deberá contener los datos de identificación de la actuación:
-Lugar donde se extiende.
-Dependencia policial.
-Hora y fecha.
-Funcionarios actuantes, categoría y número de identificación profesional del Instructor y Secretario.

Por ejemplo: **COMPARECENCIA.-En Sueca y en las dependencias de la Policía Local, siendo las diez horas y treinta minutos del día quince de enero de dos mil ocho, ante los funcionarios de esta Policía, con números de identificación profesional Oficial número ciento veintisiete (127) y agente número doscientos treinta y uno (231), Instructor y Secretario, respectivamente, para la práctica de las presentes diligencias, COMPARECEN:**
--

Observaciones: Es usual que los números de identificación profesional figuren únicamente con guarismos, aunque es conveniente expresarlos de las dos formas posibles, guarismos y letra, para evitar errores,

Cuando los dos funcionarios actuantes son de la misma categoría profesional, el más antiguo hace las funciones de Instructor, quedando el encabezamiento redactado de la forma que se detalla a continuación:

"... ante los funcionarios de esta Policía con números de identificación profesional Oficial número ciento veintisiete (127) y agente número doscientos treinta y uno (231), Instructor y Secretario, respectivamente, para la práctica de las presentes diligencias, COMPARECEN: "

B) CUERPO DE LA COMPARECENCIA.

Consta de dos partes:

    B.1) Identificación de los comparecientes.
    B.2) Narración de los hechos y, en su caso, presentación de detenidos y/o entrega de objetos.

Tras caer en desuso la máquina de escribir por el empleo de programas informáticos de tratamiento de texto, lo más normal es que la presentación sea similar a:

COMPARECENCIA.- En Valencia, en la Central de Policía Local, y en las dependencias de la Unidad GOE, siendo las seis horas y diez minutos del día uno de enero de 2.009, ante los funcionarios de es Policía y Unidad, con números de identificación profesional Oficial 10.000 y Agente 15.000, Instructor y Secretario, respectivamente habilitados para la práctica de las presentes,

COMPARECEN:
Los funcionarios de esta Policía con números de identificación profesional Agentes 17.345 y 31.234, componentes de la dotación.-

PRESENTAN EN CALIDAD DE DETENIDO
Al titular del Permiso de Conducción de la clase B, número 00,000.000, José Manuel SUAREZ ALAPONT, nacido en Sevilla el día ocho de septiembre de mil novecientos setenta y ocho, hijo de Roberto y de Ana, con domicilio en Valencia, calle Colón número siete, puerta 28 , y

HACEN ENTREGA DE:

Y sobre los hechos objeto de las presentes

MANIFIESTAN:

B.1) Identificación de los comparecientes.

Es preciso diferenciar según se trate de particulares o de funcionarios policiales.

1º) Particulares.

Los particulares se identifican mediante la exhibición de documento nacional de identidad, pasaporte, permiso de conducción u otros documentos acreditativos de su identidad y demás circunstancias personales, haciéndose constar su filiación completa y número del documento.

…COMPARECE: ---
- - - Quien mediante exhibición y posterior retirada del Documento Nacional de Identidad número 22.691.345-W, en vigor, acredita ser y llamarse José Manuel SUAREZ ALAPONT, nacido en Valencia, el día seis de abril de mil novecientos sesenta, hijo de Luis y de Rosa, comerciante, con domicilio actual en la calle Colón número cuatro, puerta tres de Valencia, titular del teléfono número 96.300.00.00, el cual MANIFIESTA: ------------------

Observaciones:

a) En caso de que el compareciente estuviera indocumentado se puede hacer constar de la siguiente manera:

… COMPARECE : ---
- - - Quien (el que, el indocumentado que) dice ser y llamarse José Enrique SUAREZ ALAPONT, nacido en …

b) En el supuesto de una denuncia en nombre de otro, por delegación, se hace constar de la siguiente manera:

… el cual MANIFIESTA: --
- - - Que actúa en nombre y representación de la empresa CAUDISA S.A., con domicilio social en la calle Fontcalent número seis de Alicante.

O bien:

… el cual MANIFIESTA: -- - - Que actúa en calidad de abogado de la sociedad CAUDISA S.A., con domicilio social en …

c) Si el denunciante fuera un vigilante de seguridad o detective privado conviene que figure como domicilio la empresa o agencia en la que presta sus servicios.

… el cual MANIFIESTA: --

- - - Que en la actualidad y desde hace seis años presta sus servicios como vigilante de seguridad en la empresa SEGURIDAD INTEGRAL DEL MEDITERRÁNEO, que tiene su domicilio social en esta localidad, calle ...

2º) Denuncia verbal por funcionarios policiales.

En esta denuncia, los funcionarios policiales se identifican mediante sus carnés profesionales, haciendo constar su número, categoría y destino.

Por ejemplo.

COMPARECENCIA.-En Alzira, en la central de Policía Local, y en su Unidad de Atestados, siendo las cinco horas y veinte minutos del día dos de febrero de dos mil nueve, ante los funcionarios de esta Policía y Unidad, con números de identificación profesional Oficial ocho mil (8.000) y Agente quince mil (15.000), Instructor y Secretario, respectivamente, para la práctica de las presentes diligencias, COMPARECEN: ---------------------------------- --------------------------------- - - - Los también funcionarios de esta Policía Local, con números de identificación profesional Oficial seis mil (6.000) y Agente veinte mil doscientos (20.200) componentes de la dotación con indicativo...

B.2) Narración de los hechos, presentación de detenidos y entrega de objetos.

Una vez identificados los comparecientes, se hace constar en el cuerpo de la comparecencia las manifestaciones efectuadas por los comparecientes, quienes serán guiados por los sujetos que instruyen para hacer constar los hechos cronológicamente, de forma clara y precisa, pero sin omitir ningún detalle.

Aunque el Instructor para aclarar y detallar suficientemente los hechos relatados puede efectuar preguntas, estas no se harán constar. Así se redacta cada frase o conjunto de frases que guarden relación con unos mismos hechos de manera ordenada, en párrafos no muy extensos y separados, que generalmente empezarán por la palabra *"Que"*.

Si con ocasión de la comparecencia policial son presentados detenidos, y en su caso, entregados también efectos confiscados por los agentes, se harán constar por ese orden.

1º) Presentación de detenidos.

COMPARECENCIA.-En Valencia, en la Central de Policía Local, y en su Unidad de Tráfico, siendo las ocho horas y veinte minutos del día nueve de septiembre de dos mil nueve, ante los funcionarios de esta Policía y Unidad, con números de identificación profesional Oficial diez mil (10.000) y Agente quince mil (15.000), Instructor y Secretario, respectivamente, para la práctica de las presentes diligencias, COMPARECEN: ---------------

-- - - - Los también funcionarios de esta Policía Local, con números de identificación profesional Oficial ocho mil (8.000) y Agente doce mil doscientos (12.200), componentes de la dotación, los cuales:--------------------- - - - PRESENTAN: en calidad de detenido a quien (identificación o filiación completa), y --------
----

Debe hacerse constar la identidad completa de los detenidos que se presentan, si se sabe con certeza, o la que manifiesten tener en el caso de que fueran indocumentados, así como los motivos de la detención.

2º) Entrega de efectos e instrumentos ocupados.

- - - HACEN ENTREGA de: -- - - - Ocho mil euros.
--------------------------- ---UNA NAVAJA de unos seis centímetros de hoja con la punta doblada y con una mancha, al parecer de sangre.
- - - UNA CADENA, al parecer de oro, figurando las iniciales "A.T.A.". -------------------------
- - UN MANDO A DISTANCIA, aparentemente de una furgoneta de la marca Mercedes y --
-- - - - MANIFIESTA/N : --

Los funcionarios policiales deben presentar ante la instrucción todos los documentos, partes, actas y demás que tengan relación con los hechos sobre los que versa el atestado.

La descripción de los efectos entregados se debe hacer de la forma más detallada posible, haciendo constar si tiene algún número de identificación o referencia o cualquier marca, seña, dibujo u otras que permita diferenciarlos.

Si alguno de los efectos no pudieran ser presentados ante el Instructor, aparte de su descripción detallada, si es posible se aportarán dibujos o fotografías de los mismos y se explicarán las medidas adoptadas respecto de su custodia o traslado a otras dependencias.

3º) Manifestaciones de hechos según se trate de funcionarios o particulares.

a) Funcionarios policiales.

Respecto a su contenido, dependerá del caso concreto de que se trate. Deberá hacerse constar el motivo de la comparecencia, las actuaciones o gestiones realizadas por los comparecientes, etc. A fin de evitar futuros problemas a los funcionarios actuantes existen algunos puntos en relación a la detención de personas que es necesario hacer constar, como son:

- Si se presentan detenidos debe hacerse constar en la comparecencia que en el momento de la detención se procedió a la información verbal de los derechos constitucionales, de forma inmediata y comprensible, así como de los hechos que se le imputan y de las razones de su privación de libertad. Esta actuación será llevada a cabo por los funcionarios que practiquen la detención, sin perjuicio de la obligación por parte de los funcionarios que reciben al detenido, de documentar por escrito el contenido y ejecución de la notificación de derechos.

- Si en el momento de la detención fuera preciso el empleo de la fuerza debe hacerse constar, aunque nadie haya sufrido lesiones, y en su caso, presentar el correspondiente parte facultativo, tanto del detenido como de los funcionarios actuantes.

- Debe hacerse también constar el lugar y la hora de la detención, así como la identificación de los funcionarios que la practicaron.

b) Particulares.

Un particular presentará detenidos en raras ocasiones, por lo que se debe actuar de la forma antes descrita, es decir, con la identificación del compareciente, explicación detallada de los objetos o documentos que entrega, manifestación, etc.

En caso de que el objeto de la comparencia fuera la denuncia de un robo o sustracción se procurará reflejar o relacionar las características de los objetos sustraídos.

C) Terminación de la comparecencia.

Una vez finalizada la relación de los hechos se hace constar la llamada fórmula de cierre, que puede ser, entre otras:

- - - **Que no teniendo nada más que manifestar y una vez leída y conforme con la presente la firman junto con el Instructor en el lugar, fecha y hora que se citan, de lo que como Secretario, CERTIFICO.**- -

O bien

- - - **Que no tiene/n más que decir, firmando la presente, una vez leída en prueba de conformidad, en unión del Instructor, de lo que como Secretario, CERTIFICO.**- - - - -

Consideraciones: Si el denunciante renunciara a leer la comparecencia, en lugar de hacer constar *"una vez leída"* se pone textualmente: *"una vez que le es leída"*.

D) Firmas

La comparecencia deberá ser firmada por todos los intervinientes, debiendo hacerlo el Instructor en la parte izquierda, el Secretario en el centro y el denunciante o los denunciantes comparecientes a la derecha.

Instructor. Secretario. Compareciente/s

Consideraciones: si el denunciante particular no puede firmar lo hará otra persona a su ruego, art. 267, in fine, de la Ley de Enjuiciamiento Criminal.

Modelo de comparecencia por denuncia verbal de particular:

COMPARECENCIA.- En Dos Hermanas y en las dependencias de su Policía Local, siendo las nueve horas y treinta minutos del día dieciocho de enero de dos mil nueve, ante los funcionarios de esta Policía, Oficial con carnet profesional número ciento dos (102) y Agente con carnet profesional número doscientos treinta (230), Instructor y Secretario, respectivamente, para la práctica de las presentes, COMPARECE: - - - - - - - - - - - - - - - - - Quien mediante exhibición y posterior retirada del documento nacional de identidad número 00,000.000, en vigor, acredita ser y llamarse Vicente SUAREZ ALAPONT, nacido en Beas de Segura (Jaén), el día seis de abril de mil novecientos sesenta, hijo de Sebastián y de Salvadora, empleado de banca, con domicilio en la calle Suecia número quince, puerta tres de Dos Hermanas (Sevilla), con número de teléfono 00.000.00.00, el cual MANIFIESTA: - Que el pasado día ocho del presente mes, sobre las nueve horas, abandonó como de costumbre su domicilio habitual sito en el lugar anteriormente citado, dejándolo perfectamente cerrado, desplazándose a la ciudad de Sevilla a fin de pasar el fin de semana. - Que en el día de la fecha, sobre las 19 horas regresó a su domicilio, observando que la puerta de acceso había sido violentada y el interior revuelto y desordenado, con desperfectos en los muebles y en las paredes. - Que efectuó llamada a esta Policía, personándose momentos después una dotación policial que efectuaron una primera inspección ocular. - Que a continuación realizó un recuento de los objetos que posiblemente le habían sustraído, notando en falta: un TELEVISOR marca Sony y modelo XCC, con número de serie 987JJJ0000 y su mando a distancia; un ORDENADOR de la marca SAMSUNG, modelo L200, número de fabricación 90C657 y con número de serie 1334ST, un reloj de la marca ROLEX modelo S230009 y CUATRO MIL euros. - Que los citados objetos los valora en unos DOS MIL OCHOCIENTOS euros ignorando la cuantía de los daños materiales. - Que tiene concertada una póliza de seguros contra robo número 99/000000000 en la compañía LIBERTY SEGUROS, con sede social en la calle Hipanidas número ciento treinta y uno de Sevilla. - Que desconoce quién o quienes pueden ser los autores del hecho.- - - - - - - - - - - - -

- - - Que no tiene nada más que decir, firmando la presente, una vez leída en prueba de conformidad, en unión del Instructor, de lo que como Secretario, CERTIFICO.- - - - - -

Instructor Secretario Denunciante

Esquema de la comparecencia

COMPARECENCIA FUNCIONARIOS DE POLICIA.	COMPARECENCIA DE PARTICULAR
1.- Encabezamiento:	1.- Encabezamiento
- Lugar	- Lugar
- Dependencia policial	- Dependencia policial
- Hora y fecha	- Hora y fecha
- Funcionarios actuantes	- Funcionarios actuantes
2.- Cuerpo comparecencia:	2.- Cuerpo comparecencia
- Identificación compareciente/s	- Identificación compareciente
- PRESENTAN.	- MANIFIESTA
- HACEN ENTREGA	3.- Fórmula de cierre
- MANIFIESTAN	4.- Firmas.
3.- Fórmula de cierre	
4.- Firmas	

5.-COMPARECENCIA Y DENUNCIA DE PARTICULAR POR ESCRITO

Cuando en la dependencia policial se persona un ciudadano para denunciar por escrito un hecho delictivo que ha presenciado, tenido conocimiento o ha sido víctima, dicho escrito deberá estar firmado y sellado en todas sus hojas por el funcionario policial receptor en presencia del denunciante, quien podrá también rubricarlo.

La denuncia, dentro del atestado que se instruya, adoptará al igual que en el caso de la denuncia verbal, la forma de comparecencia y servirá de base a las demás diligencias que se pudieran instruir. En el cuerpo de esta comparecencia se consignarán los datos de filiación de quien presente el escrito, haciendo constar después que hace entrega del mismo, describiéndolo y transcribiéndolo íntegramente si es posible.

Antes de cerrar y firmar la diligencia, se harán constar las manifestaciones que por omisión no hubiera relatado quien presente el escrito y en su caso las correcciones que quisiera realizar.

Por ejemplo:

COMPARECENCIA.- En Madrid y en su Central de Policía Local, siendo las trece horas y veinte minutos del día cuatro de agosto de 2009, ante el funcionario de esta Policía, Oficial ciento ocho (108), Instructor y Secretario, para la práctica de las presentes diligencias, COMPARECE: - El que mediante exhibición del Documento Nacional de Identidad número 00,000.000, en vigor, acredita ser y llamarse (FILIACION COMPLETA), el cual - - - - - -HACE ENTREGA de un escrito en papel, tamaño folio, manuscrito en el que textualmente se lee: " (Transcripción del escrito). Firma ilegible, firmado Francisco SUAREZ ALAPONT y - - -MANIFIESTA: (Ampliaciones o correcciones) - Fórmula de Cierre

6.-DILIGENCIAS DE INICIO MOTIVADAS.

Además de la comparecencia como forma habitual de inicio de un atestado, existen otras formas como son las diligencias motivadas, que se denominan así porque en ellas se explican los motivos de la actuación policial.

Así, se puede iniciar una diligencia:
a) Por llamada telefónica.
b) Por orden del juez.
c) Por orden de superior jerárquico.
d) Por propia investigación.
e) Por ampliación de diligencias.
f) Por confesión del autor del delito.

Diligencia inicial por llamada telefónica.

Este tipo de diligencia se inicia tras una llamada telefónica recibida en las dependencias policiales, a través de la cual se denuncia un hecho supuestamente delictivo. La comunicación telefónica debe quedar debidamente registrada en el llamado libro de telefonemas y ocasionará la puesta en marcha de la actuación policial. Por lo tanto, la primera de esas diligencias será precisamente la "diligencia de telefonema", origen y fundamento de todas las demás.

Esta diligencia se compone de encabezamiento y cuerpo. Se procurará transcribir íntegramente el texto del telefonema en los mismos términos recogidos en el libro, entre comillas y al ser posible con mayúsculas. Por norma general, el Instructor comisiona a otros funcionarios policiales para la comprobación de los hechos, aunque no habría inconveniente en hacerlo en una diligencia de comisión a continuación de la inicial.

Ejemplos:

DILIGENCIA.-En Zaragoza y en su Central de Policía Local, siendo las trece horas y ocho minutos del día seis de febrero de dos mil nueve, por los funcionarios de esta Policía con números de identificación profesional Oficial doscientos uno (201) y el Agente dos mil cuatro (2004), Instructor y Secretario, respectivamente, para la práctica de las presentes diligencias, se HACE CONSTAR: -

- - - Que a la hora indicada se recibe telefonema número 24, de estas dependencias, procedente del servicio de RADIO-TAXI de esta ciudad, en el que se comunica que: "EN LA CALLE FEDERICO GARCÍA LORCA, CRUCE CON POETA MAS Y ROS SE HA PRODUCIDO UN ACCIDENTE DE TRÁFICO ENTRE UN TURISMO Y UNA MOTO, Y EL CONDUCTOR DE LA MOTO, AL PARECER, HA SUFRIDO LESIONES DE CARÁCTER GRAVE".- -

- - - Que por tal motivo el Instructor dispone que los funcionarios de esta Policía con números de identificación profesional Agente quinientos tres (503) y Agente treinta (30) componentes de la dotación con indicativo "CHARLY 10", se trasladen al lugar indicado a los efectos de comprobación y práctica de las primeras actuaciones.- - - - Que no teniendo nada más que hacer constar se da por terminada la práctica de la presente diligencia, de lo que como Secretario, CERTIFICO.

En el caso de que la llamada que motiva la actuación policial proceda de la Autoridad Judicial, de superior jerárquico o de autoridad administrativa, la forma exterior de la diligencia de inicio (diligencia de telefonema) debe ser similar a la anterior, con la salvedad de hacer constar claramente la procedencia de la llamada y el contenido de la misma.

Por ejemplo:

DILIGENCIA.-(MISMO ENCABEZAMIENTO), para HACER CONSTAR: - - - - Que siendo la hora de inicio de las presentes se recibe llamada en estas dependencias procedente del Juzgado de Instrucción número doce de los de esta ciudad en funciones de Guardia, la cual queda registrada en telefonema número doscientos veintiocho (228) comunicando el Oficial de dicho Juzgado lo siguiente:
- " Su Señoría, Ilustrísimo Señor Magistrado-Juez de este Juzgado que instruye diligencias previas 21/99-L requiere la presencia de dos funcionarios del Grupo de ATESTADOS de esta Policía, para que se trasladen al Depósito Municipal de Vehículos al objeto de realizar inspección ocular y reportaje fotográfico del turismo marca Seat, modelo Ibiza, con placas de matrícula CWW-0000, por estar implicado en atropello de un peatón el pasado día cuatro del presente mes en la calle Corona de Aragón, número 7, a las cinco

de la tarde, y que de lo actuado se de cuenta a Su Señoría a la mayor brevedad posible, con independencia de las posteriores actuaciones que se practiquen".- - - - - - - - - - - - - - -
- - - Que dando trámite a lo requerido el Instructor dispone que los agentes con números de identificación profesional mil trescientos (1300) y dos mil trescientos uno (2301), adscritos a la Unidad de Investigación de Accidentes y Atestados, se trasladen al lugar indicado y den cumplimiento a lo solicitado por la Autoridad Judicial.- - - - - - - - - - - - - - - -
- Que no teniendo nada más que hacer constar se da por terminada la práctica de la presente diligencia, de lo que como Secretario, CERTIFICO.

Diligencia inicial ampliatoria de otras diligencias.

Esta diligencia se realiza cuando un atestado, por los motivos que sean, se remite a la Autoridad Judicial sin que haya concluido la investigación de los hechos que lo motivaron. Así se debe hacer saber al juez diciendo *". . . que se continúan gestiones para el esclarecimiento de los hechos, dándosele oportuna cuenta del resultado de las mismas. . . "*.

Cuando se obtienen más datos que pueden ayudar a esclarecer los hechos delictivos, se tienen que comunicar en otro atestado a la Autoridad Judicial como continuación del anterior atestado. Esta diligencia servirá de nexo de unión entre ambos atestados y, en la medida de lo posible, contendrá un resumen del primero.

Por ejemplo:

DILIGENCIA.-(ENCABEZAMIENTO IGUAL), para HACER CONSTAR:

- - - Que las presentes son ampliatorias a las diligencias con el número de registro referenciado, tramitadas en estas dependencias en fecha cinco de agosto de dos mil nueve y remitidas al Juzgado de Instrucción número 17 de los de esta Ciudad, en funciones de Guardia.- Que dichas diligencias se tramitaron por un presunto delito contra la seguridad del tráfico con resultado de una persona herida grave (RESTO DE RESUMEN DE LAS CITADAS DILIGENCIAS PRIMARIAS).- Que por parte de esta Instrucción se han realizado gestiones para el esclarecimiento de los hechos, pudiendo localizar un testigo presencial, identificado como (FILIACION COMPLETA), que fue citado para prestar declaración ante esta Instrucción, quedando constancia de ello en ACTA DECLARATORIA que se adjunta a las presentes.- -
- - - - - - - - - - - - - Que no teniendo nada más que hacer constar se da por terminada la práctica de la presente diligencia, de lo que como Secretario, CERTIFICO.

Este tipo de diligencias también pueden referir las actuaciones realizadas por el Instructor y pueden concluir en la identificación y localización del responsable de un delito, es decir en vez de una comparecencia o declaración de un testigo, se hacen constar las actuaciones que han conducido a la identificación y localización del responsable del hecho delictivo.

TEMA 5
DILIGENCIAS DE TRÁMITE E INVESTIGACIÓN Y COMPROBACIÓN DEL DELITO

1.-COMPROBACIÓN DEL DELITO

Una vez iniciadas las actuaciones policiales en relación con unos determinados hechos delictivos, el Instructor tiene la obligación de proceder a la comprobación de los mismos con una serie de actuaciones que se irán plasmando mediante diligencias, unas de trámite y otras de investigación, y todas estas conformarán el cuerpo del atestado.

Así, el art. 366 de la Ley de Enjuiciamiento Criminal establece que las primeras diligencias que se deben realizar son las relativas a la comprobación del delito, y más concretamente a la inspección ocular y al cuerpo del delito.

La L.O. 14/99 de modificación del Código Penal de 1.995 y de la Ley de Enjuiciamiento Criminal, reforma el artículo 13 de esta última, estableciendo: " *Se considerarán como primeras diligencias la de consignar las pruebas del delito que puedan desaparecer, la de recoger y poner en custodia cuanto conduzca a su comprobación y a la identificación del delincuente, la de detener a los presuntos responsables del delito y la de proteger a los ofendidos o perjudicados por el mismo, a sus familiares o a otras personas pudiendo acordarse a tal efecto las medidas cautelares a las que se refiera el artículo 544 bis de la presente Ley*".

El término delito referido en este artículo hay que entenderlo en sentido amplio, es decir, como toda acción constitutiva de infracción penal. Así, la comprobación del hecho delictivo, siguiente paso después de la denuncia, debe quedar plasmada en las diligencias de investigación que se practiquen que, junto con las de trámite, conforman el cuerpo del atestado.

2.-DILIGENCIAS DE TRÁMITE E INVESTIGACIÓN

Las diligencias de trámite son aquellas de contenido administrativo que sirven de nexo de unión para coordinar y estructurar el resto de las diligencias del atestado.

Las diligencias de investigación son aquellas que, junto con las anteriores, forman el cuerpo del atestado y en las que se plasma la labor policial en orden a la comprobación y esclarecimiento del hecho. Estas diligencias pueden ser de muy diversas clases, tales como declaraciones, inspecciones oculares, informes, etc.

Ejemplos de diligencias de trámite:

- Diligencia de Información de derechos (al perjudicado u ofendido y al detenido).
- Diligencia de comunicación al Colegio de Abogados.
- Diligencia de comunicación a familiar o persona designada.
- Diligencia ordenando el traslado de un detenido a centro asistencial.
- Diligencia de comisión de funcionarios.

Ejemplos de diligencias de investigación:

- Diligencias de declaraciones de detenidos y testigos.
- Diligencias de reconocimiento de identidad
- Diligencias de entrada y registro.
- Diligencias de inspección ocular.
- Diligencias de reconocimiento fotográfico.

En todas estas diligencias, en el encabezamiento sólo habrán de hacerse constar los datos que vayan sufriendo variación a lo largo del atestado; por ejemplo, la hora, fecha, actuantes, etcétera.

3.-DILIGENCIA DE INFORMACION DE DERECHOS AL PERJUDICADO U OFENDIDO

Los ciudadanos ofendidos o no por el delito (en éste último caso sólo para los delitos públicos) tienen derecho al ejercicio de la acción penal, actuando de acusador particular o privado en la causa, según los casos. La Asamblea General de Naciones Unidas, en resolución de 29 de noviembre de 1985, aprobó la Declaración sobre los principios fundamentales de justicia para las víctimas de delitos y abusos del poder, donde definió las víctimas del delito como "las personas que individual o colectivamente hayan sufrido daños, inclusive lesiones físicas o mentales, sufrimiento emocional, pérdida financiera o menoscabo sustancial de sus derechos, como consecuencia de acciones u omisiones que violen la legislación penal vigente". Este concepto está plenamente vigente tras la celebración del X Congreso de Naciones Unidas sobre prevención del delito y tratamiento del delincuente, celebrado en Viena en abril de 2000.

Así el artículo 109 de la Ley de Enjuiciamiento Criminal establece, en su primer párrafo: "En el acto de recibirse declaración al ofendido que tuviere capacidad legar necesaria, se instruirá del derecho que le asiste para mostrase parte en el proceso y renunciar o no a la restitución de la cosa, reparación del daño e indemnización del perjuicio causado por el hecho punible" Cuando se trate de delitos cuyo enjuiciamiento se sigue a través del Procedimiento Abreviado, el artículo 783, 2ª parte de la LCEr señala que, además de instruírsele a la víctima de los derechos que le asisten según los artículos 109 y 110 de la citada Ley, ésta podrá mostrarse parte en la causa sin necesidad de formular querella.

La información y protección comprende el ofrecimiento de acciones en la misma instancia policial, y consiste en instruir al perjudicado u ofendido del derecho que le asiste para mostrarse parte en el futuro proceso y renunciar o no a la restitución de la cosa, reparación del daño e indemnización del perjuicio causado por el hecho punible, así como asesorar a la víctima a cerca de las medidas policiales de prevención a las que puede acogerse.

Para facilitar la información a la víctima de cualquier acto ilícito se le hará entrega en las dependencias policiales de un acta de instrucción de sus derechos. La diligencia de ofrecimiento de acciones figurará en el atestado y en la misma se hará constar que se informa de tales derechos con un acta aparte, que se adjuntará al atestado.

A. Ofrecimiento de acciones en diligencia.

DILIGENCIA.- Que se extiende para hacer constar que el Instructor dispone que en ACTA aparte se proceda a efectuar el ofrecimiento de acciones al perjudicado u ofendido por el delito objeto de las presentes, a tenor de lo dispuesto en el artículo 789.4 de la Ley de Enjuiciamiento Criminal y en los artículos 109 y 110 de la misma Ley, y la Ley 35/95, de lo que como Secretario, CERTIFICO.

B. Ofrecimiento de acciones dentro de la comparecencia.

En un párrafo separado se señala que el Instructor dispone que en ACTA aparte se proceda al ofrecimiento de acciones al ofendido, perjudicado o víctima, según lo dispuesto en el artículo 789.4 de la Ley de Enjuiciamiento Criminal.

C. Seguridad de las víctimas.

En las intervenciones policiales con las víctimas se debe observar un tratamiento especialmente cuidadoso, extremando el respeto a su situación personal, sus derechos y su dignidad. También se debe tener en cuenta el especial estado de excitación o de sensibilidad en que el ofendido o la víctima pueden encontrarse y suavizar en lo posible el planteamiento de preguntas.

Para garantizar la seguridad de las víctimas y protegerlas, el funcionario debe adoptar estas medidas:

1. Informar a la víctima de sus derechos penales y administrativos, a cuyos efectos se le hará entrega de los impresos normalizados de instrucción de derechos y de información sobre delitos violentos o sexuales.

2. Ofrecimiento de asistencia médica.

3. Verificar la tenencia de licencias, permisos y guías de pertenencia de armas de fuego de las que sea titular el presunto agresor. De ello se dará traslado urgente a la Autoridad Judicial y, en la medida de lo posible, se retirará cautelarmente el arma.

4. Máximo respeto a la intimidad y privacidad del ofendido o la víctima.

5. Evitar que compartan espacios comunes con sus presuntos agresores.

6. Atención preferente a las denuncias por hechos graves inmediatos y rápida recogida de sus manifestaciones.

7. Contemplar la posibilidad de interesar del Juzgado la prohibición para el agresor de aproximarse o comunicarse con la víctima o con sus familiares y de establecer dispositivos policiales de protección o disuasión.

8. Atención, cuando sea posible, por personal especializado en el tipo de delito de que se trate.

9. Facilitar al denunciante una copia de la denuncia.

10. Inspección técnica para la recogida de pruebas en ropa, cabellos, etc...

11. Reflejar en el atestado la identidad de posibles testigos y situación económica de la víctima.

12. Hacerle saber la posibilidad de abandonar el domicilio familiar y, al mismo tiempo, derivación a la institución social de la Comunidad Autónoma que corresponda, como casas de acogida, centros de menores, etc...

13. Elaborar una diligencia de las anteriores denuncias o ataques con indicación, si se conoce, de los órganos judiciales instructores y precedentes o habitualidad.

14. Comunicar a la víctima por el funcionario encargado del caso, el estado de las investigaciones, pero preservando su buen fin. Se le debe facilitar un número de teléfono de contacto.

DIRECCIÓN GENERAL DE LA _____ ATESTADO nº
Unidad o Dependencia... Folio nº _____

ACTA DE INSTRUCCIÓN DE DERECHOS AL PERJUDICADO U OFENDIDO

En .... siendo las................ horas, del día.......... de............................ de ...., y en virtud de lo previsto en el artículo 789.4 de la Ley de Enjuiciamiento Criminal, se extiende la presente acta por el ...., con carnet profesio nal número ...., que instruye, y por el ...., con carnet profesional número............................ que certifica, para hacer constar que, estando presente Don ....
(que actúa por sí
o en representación; táchese lo que no proceda) cuyos demás datos constan en su declaración, en el mismo acto de recibirla ésta, e inmediatamente después, se le instruye de los derechos que le asisten como ofendido o perjudicado, o víctima de un delito violento o sexual, a tenor de lo dispuesto en el inciso tercero del apartado 4 del artículo 789 de la Ley de Enjuiciamiento Criminal y artículos 109 y 110 de la misma Ley, y Ley 35/1995, de 11 de Diciembre, respectivamente.

LOS DERECHOS QUE SE CITAN SON:

- Derecho a mostrarse parte en el proceso, mediante el nombramiento de Abogado y Procurador o, en su caso, que le sea nombrado de oficio, y ejercitar las acciones civiles y penales que procedan, o solamente unas u otras, según le convenga. Este derecho deberá ejercitarse de forma inmediata y, en todo caso, antes de la calificación del delito. Acceso a la justicia gratuita según Ley 1/1996, de 10 de enero y RD 2103/1996, de 20 de septiembre.
- Se le comunica que aunque no haga uso del anterior derecho, el Ministerio Fiscal ejercitará además de las acciones penales que procedan, las acciones civiles que correspondan, salvo renuncia expresa por su parte.
- Derecho a renunciar a la restitución de la cosa, reparación del daño e indemnización del perjuicio causado (art. 109 Ley de Enjuiciamiento Criminal).
- Si ha sido víctima, directa o indirecta, de un delito violento o contra la libertad sexual, se le informará del contenido de los derechos que se declaran en la Ley 35/95, de 11 de diciembre, conforme al Anexo que en este acto recibe.

Dándose por instruido e informado, firma, de lo que como Secretario certifico.

El Secretario, El perjudicado u ofendido, (o su representante)

D. Información a víctimas de delitos violentos o sexuales.

INFORMACIÓN A VÍCTIMAS DE DELITOS VIOLENTOS O SEXUALES (Ley 35/1995, de 11 de Diciembre)

Como presunta víctima (directa o indirecta) de un delito violento o sexual, Vd. puede acceder a ayudas públicas y a determinada asistencia:

INFORMACIÓN Y ASISTENCIA JURÍDICA

1. * Mediante el proceso penal Vd. puede obtener resarcimiento o indemnización por el daño sufrido.
2. * Vd. puede ser parte en el proceso penal.
3. * Si su situación económica está dentro de ciertos límites (ingresos o recursos que no superen el doble del salario mínimo interprofesional, o hasta el cuádruple, según ciertas circunstancias, puede acceder a la justicia gratuita.
4. * Aunque Vd. decida no ser parte en el proceso, seguirá teniendo derecho a la indemnización que establezca la sentencia. En su caso, el Ministerio Fiscal ejercerá las acciones que procedan al respecto.
5. * Igualmente, aunque no sea parte, tiene derecho a ser informado por el órgano Judicial de la fecha y lugar de celebración del juicio y a la notificación de la resolución que recaiga.
6. * Las autoridades policiales le informarán sobre el curso de sus investigaciones, salvo que con ello se ponga en peligro su resultado. En todo caso Vd. puede dirigirse al Jefe de la Dependencia Policial donde se lleve la investigación o donde Vd. hizo la denuncia o declaración.
7. * Todo ello con independencia de la asistencia que puedan prestarle las Oficinas de Asistencia a las Víctimas.

AYUDAS ECONÓMICAS

1. * La indemnización que como víctima le pueda corresponder será fijada en la sentencia y en principio, deberá ser pagada por el culpable.
2. * Para garantizar en lo posible dicha indemnización, la Ley prevé ayudas públicas por determinados importes y hasta ciertos límites en función del daño producido por el delito y otras circunstancias.
3. * Con este sistema de ayudas públicas, aunque el culpable no sea hallado, resulte insolvente, etc., Vd. podrá obtener una cierta reparación por el daño sufrido.
4. * En caso de delito sexual con daño a la salud mental, se sufragarán -hasta determinada cuantía- los gastos de tratamiento terapéutico libremente elegido por la víctima.
5. * Si su situación económica lo requiere, Vd. puede obtener ayudas económicas provisionales antes de que recaiga resolución judicial.

PROCEDIMIENTO DE SOLICITUD DE AYUDAS

1. *   Han de solicitarse en el plazo de 1 año.
2. *   Deberán dirigirse al Ministerio de Economía y Hacienda, conteniendo diversos datos según que la solicitud sea tras la sentencia judicial o antes de ella (provisional); que se haya producido fallecimiento, lesiones o daños a la salud mental en delitos sexuales, etc.
3. *   El Ministerio de Economía y Hacienda resolverá sobre su petición. El interesado podrá impugnar su resolución ante la Comisión Nacional de Ayuda y Asistencia a Víctimas de Delitos Violentos y contra la Libertad Sexual.

INFORMACIÓN ADICIONAL

*   Los jueces y Magistrados, Fiscales, Autoridades y Funcionarios que intervengan en el caso, podrán informarle adicionalmente sobre la posibilidad y procedimiento para solicitar ayudas.

INCOMPATIBILIDADES

1.*   Las ayudas económicas NO incluyen a víctimas de otra clase de delitos
         distintos a los violentos o sexuales, ni a los derivados de accidentes u otras causas.
2. *   Dichas ayudas son incompatibles con los resarcimientos por daños a las víctimas de bandas armadas y elementos terroristas, cuyo sistema, cuantías y regulación legal es otra.
3. *   También son incompatibles con las indemnizaciones que en su día fije la sentencia, con las de seguros privados y con subsidios de incapacidad temporal de la Seguridad Social. En tales casos, la ayuda pública se limitaría hasta alcanzar el importe fijado en la sentencia. En los mismos casos o si la sentencia judicial declara la inexistencia del delito, el beneficiario deberá reembolsar total o parcialmente la ayuda que se le hubiera concedido.

         De todo lo cual queda informado, como presunta víctima directa, indirecta o representante de ellas:

NOMBRE:_____ DOCUMENTO DE IDENTIDAD   _____ DOMICILIO Y TELÉFONO_____
_____, a _____ de_____ de _____
                                        FIRMA DEL INFORMADO,
DEPENDENCIA POLICIAL:
DILIGENCIAS Nº:
FECHA DILIGENCIAS:
(sello de la dependencia)
CONSÉRVE ESTE DOCUMENTO Y CITE EL NÚMERO DE DILIGENCIAS PARAULTERIORES INFORMACIONES

4.- DILIGENCIA COMISIONANDO FUNCIONARIOS

La diligencia de comisión puede realizarse por diversas actuaciones policiales, como la práctica de una inspección ocular, la comprobación de un hecho, la localización de un testigo, autor o víctima de un delito, etc. Esta diligencia puede plasmarse bien en diligencia aparte o en párrafo separado de la inicial.

En esta diligencia de comisión debe hacerse constar:

1º) El objeto de la comisión.

2º) Que la comisión es dispuesta por el Instructor del atestado..

3º) La identificación y categoría profesional de los funcionarios comisionados, aunque se puede realizar con posterioridad en la comparecencia de los mismos para informar del resultado de la actuación.

Ejemplos:

A) COMISION EN DILIGENCIA APARTE.

> **DILIGENCIA.-** Que siendo las _____ horas del día _____ de _____ de _____ , el Instructor comisiona a los funcionarios de esta Policía (identificación de los agentes), a fin de (exposición del objeto de la comisión), de lo que como Secretario, CERTIFICO.
> **Firma del Secretario**

B) COMPARECENCIA DE LOS FUNCIONARIOS COMISIONADOS.

En el atestado tiene que constar mediante una diligencia de comparecencia cuando los funcionarios comisionados se personan ante el Instructor tras llevar a cabo la actuación encomendada. No sólo se denomina comparecencia a la primera del atestado, sino que pueden recibir esta denominación otras que se practiquen y que se irán incluyendo en el cuerpo del atestado.

Por ejemplo:

> **COMPARECENCIA.-** Para hacer constar que siendo las _____ horas del mismo día de inicio de las presentes, hacen acto de presencia ante esta Instrucción los funcionarios comisionados en diligencia anterior, que
> **PRESENTAN.....** y/o
> **HACEN ENTREGA . . .** y/o
> **MANIFIESTAN . . .**
> Que no tienen nada más que decir . . .
> **Firmas.**

5. -DILIGENCIAS DE TRASPASO

Las diligencias pueden ser traspasadas por diferentes motivos, bien porque el Instructor del atestado estima que los hechos denunciados deben ser remitidos a otras unidades, por su complejidad o por otras circunstancias, o bien por razones de tiempo, es decir, cuando el atestado no puede ser concluido durante el turno de servicio en que se inició. Así, quedan aún diligencias por practicar, por lo que los funcionarios del turno entrante pueden continuar con su práctica.

El traspaso se hace constar en el atestado mediante dos diligencias: una de cesión o traspaso de las diligencias y otra de conformidad al hacerse cargo de las mismas. En la diligencia de traspaso por cambio de turno deberá especificarse la hora y minuto en que se efectúa dicha cesión y conformidad, respectivamente, que deberá ser la misma, con la correspondiente explicación de las diligencias que se traspasan, detenidos si los hubiera y efectos intervenidos.

DILIGENCIA DE TRASPASO.- Que se extiende para hacer constar, que siendo las _____ horas del día _____ de _____ del año dos mil nueve, el Instructor ordena sean traspasadas, por (motivo), para su continuación a los funcionarios del turno de servicio entrante, de lo que como Secretario, CERTIFICO.

DILIGENCIA DE ACEPTACION.- Que se extiende para hacer constar que acto seguido (o a la misma hora de la anterior), se hacen cargo de las mismas los funcionarios con números de identificación profesional (identificar funcionarios entrantes), actuando el primero como Instructor y el segundo como Secretario, para continuar con la práctica de las presentes, de lo que como Secretario, CERTIFICO.-

Las diligencias de traspaso pueden redactarse o plasmarse el traspaso y la aceptación en una misma diligencia, quedando de la forma siguiente:

DILIGENCIA.- Que se extiende para hacer constar que (motivo del traspaso), siendo las _____ horas, del día _____ de_____ del año dos mil nueve, cesan en la práctica de las presentes los funcionarios que hasta esta momento figuran como Instructor y Secretario, haciéndose cargo de las mismas los funcionarios con números de identificación profesional (identificación de funcionarios), actuando desde este momento como Instructor y Secretario de las mismas, respectivamente, los cuales firman la presente en prueba de conformidad. CONSTE Y CERTIFICO.

En el caso de que hubiera alguna persona detenida o hubieran efectos intervenidos, en las diligencias se puede hacer constar del siguiente modo:

". . . haciéndose cargo de las mismas los funcionarios con números de identificación profesional (identificación), actuando desde este momento como Instructor y Secretario de las mismas, respectivamente."

Que en las presentes diligencias figura como detenido _____, como presunto responsable de un delito contra la salud pública, al que se le han intervenido los siguientes efectos y/o documentos (describir los objetos).

Que no teniendo nada más que hacer constar se da por terminada la práctica de la presente diligencia, firmando en prueba de conformidad. CONSTE Y CERTIFICO.

6.- DILIGENCIAS DE ANTECEDENTES.

El objeto de estas diligencias es hacer constar los datos que sobre una determinada persona pueden ser de interés para el Juez que entiende de la causa, que no puede ser considerada como informe de conducta ni como certificado de antecedentes penales. El único documento legal acreditativo de tal circunstancia es el certificado de antecedentes penales que expide el Registro central de Penados y Rebeldes, que además sólo puede ser expedido cuando lo disponga la Ley. El valor procesal que se le puede dar a la diligencia de antecedentes policiales dentro del atestado es más bien escaso o nulo, ya que únicamente aporta información al Juez sobre los delitos de los que es presuntamente responsable o en los que ha participado supuestamente el sujeto al que se refieren.

En ocasiones también es conveniente solicitar antecedentes del que se presenta como agraviado con el fin de obtener información que ayude a otorgar credibilidad a las manifestaciones que efectúe, tal como se contempla en el artículo 364 de la Ley de Enjuiciamiento Criminal, sobre todo en lo referido a los delitos de robo, hurto, estafa y en cualquier otro en que deba hacerse constar la preexistencia de las cosas robadas, hurtadas o estafadas, si no hubiere testigos presenciales del hecho.

DILIGENCIA DE ANTECEDENTES.- Que se extiende para hacer constar, que, consultados antecedentes, por medio de _____ consta que el detenido (filiación completa o parte de ella), aparece como NADA PENDIENTE o que con esos datos de filiación, los tiene por haber sido detenido por (motivo de la detención) en Madrid e igualmente tiene interesada una BUSCA Y CAPTURA por el Juzgado de Instrucción número 16 de Barcelona, en diligencias previas 767/68-B, por (motivo); quedando anotado todo ello en el Libro de Telefonemas de estas dependencias con el número de registro 2334/01. De lo que como Secretario, CERTIFICO.

Firma del Secretario.

7.- DILIGENCIA DE RECONOCIMIENTO EN RUEDA.

La rueda de reconocimiento se trata de una diligencia de identificación prevista en su realización por el Juez, por lo que debe ser restrictiva en sede policial ante el peligro de contaminar la diligencia judicial. No es preciso practicarla cuando la identificación se haya hecho espontáneamente o por cualquier otra forma. (Diligencia definida por los artículos 369 y 370 de la Ley de Enjuiciamiento Criminal). Consiste en la identificación del presunto autor de un delito entre un grupo de personas con edad, complexión, estatura y vestimenta semejantes al de la persona objeto de reconocimiento.

Sólo puede realizarse en sede policial con carácter excepcional, y como medida de investigación, con escrupuloso respeto a las normas procesales que la disciplinan. El objetivo no es otro que identificar a los responsables de un hecho delictivo. Respecto a su valor procesal, las diligencias de reconocimiento en rueda, aún con asistencia del letrado del inculpado, no constituyen una prueba, siendo necesaria su ratificación en el juicio. La dificultad de practicar esta diligencia hace preferible no llevarla a cabo en el caso de que no se cumplan todas las garantías, porque puede viciar las diligencias posteriores.

Los requisitos para que la rueda de reconocimiento cumpla todos las garantías son los siguientes:

1. Disposición o colocación de un grupo de personas, preferiblemente no inferior a cinco, con edad, complexión, estatura y vestimenta semejantes al de la persona objeto de reconocimiento.

2. Observación directa por el reconocedor. Resulta aconsejable la utilización de salas o estancias acondicionadas a fin de que los integrantes de la rueda no puedan tener contacto visual ni de otro tipo con los reconocedores. También se deben tener precauciones para evitar que haya contactos en los momentos previos.

3. El sospechoso deberá, en la medida de lo posible, estar con la misma indumentaria y apariencia que tenía cuando cometió el hecho investigado. Si existe posibilidad técnica es aconsejable realizar una fotografía o toma de vídeo de la composición de la rueda, en las diferentes posiciones que ésta hubiere adoptado, con la finalidad de dotar de mayor fuerza de convicción al resultado de la diligencia.

4. Identificación de los componentes de la rueda y posición que ocupan en ella.

5. La cercanía temporal a la comisión del hecho delictivo concede fiabilidad, veracidad y consistencia a la rueda de reconocimiento.

6. Levantamiento de acta, consignando minuciosamente el lugar, fecha, hora de inicio y finalización, resultado obtenido e incidencias surgidas en el acto. El acta deben firmarla todos los asistentes (Juez, Secretario Judicial, Abogado defensor, Instructor, etc.)

7. Asistencia letrada de las personas imputadas que sean objeto de reconocimiento.

8. En el caso de que sean varios los reconocedores debe hacerse por separado cada diligencia, vigilando escrupulosamente la incomunicación entre ellos.

9. Variación de la composición y orden de la rueda para cada diligencia de reconocimiento cuando hay pluralidad de reconocedores.

10. En los reconocimientos colectivos (varios sospechosos en la rueda de reconocimiento) debe garantizarse que exista un número de sujetos, al menos, el doble al de los sospechosos.

DIRECCIÓN GENERAL DE LA _____ ATESTADO Nº _____ Unidad o Dependencia... Folio Nº _____

ACTA DE RECONOCIMIENTO EN RUEDA

En _____ siendo las _____ horas del día _____ de _____ de _____, ante los Funcionarios del Cuerpo _____ afectos a _____ con documentos profesionales números _____ y _____, que actúan de Instructor y Secretario respectivamente para la práctica de la presente, ante el señor Letrado don _____titular del carnet profesional núm._____ del Colegio de _____, le son mostradas a D. _____ nacido en _____ (_____), el día ____ de _____ de _____, hijo de _____ y _____, con domicilio en _____ (_____), calle _____núm. _____, Piso_____ Puerta_____ con DNI núm. _____, un grupo de _____ hombres o mujeres, de circunstancias exteriores semejantes, cumpliendo las formalidades que exige la Ley de Enjuiciamiento Criminal, artículo 368 y siguientes, compuesto de izquierda a derecha del observador por los siguientes:

1º. (Nombre, Apellidos y Documento de Identificación).
2º.   "   "   "   "
3º.   "   "   "   "
4º.   "   "   "   "
5º.   "   "   "   "

Que una vez que hubo observado dicho grupo MANIFIESTA:

Que reconoce, (o no reconoce) al colocado en el puesto núm. ___, como el individuo que y que está relacionado con Diligencias núm. _____ de fecha _____ instruidas por _____.

Y para que conste, se extiende la presente Acta que, una vez leída por sí y encontrándola conforme, se da por finalizada a las ____ horas del día al principio consignado, firmándola el interesado en unión del Sr. Instructor y Sr. Letrado de lo que como Secretario CERTIFICO.

Firma del Interesado. Firma del Letrado.
Firma del Instructor. Firma del Secretario.
Sello de la Dependencia.

8.- DILIGENCIA DE REGISTROS PERSONALES

El cacheo consiste en la intervención corporal que se realiza por agentes de la autoridad a personas sospechosas de portar de forma oculta armas, objetos peligrosos o elementos incriminatorios, mediante el registro externo del cuerpo e indumentaria, incluyendo los efectos personales o equipaje de mano. Los artículos 18 y 19 de la LO 1/92, de 21 de febrero, sobre Protección de la Seguridad Ciudadana, autorizan a la ocupación y control de armas, instrumentos susceptibles de ser utilizados para la realización de acciones ilegales o sustancias prohibidas, teniendo en cuenta, en todo caso, los criterios de urgencia, necesidad y proporcionalidad.

Respecto a su valor procesal, esta diligencia no tiene validez de prueba, pero puede cobrar una valoración reforzada en aquellos casos en los que como consecuencia de su práctica se incauten objetos inculpatorios de la comisión de un hecho delictivo.

Durante la práctica del registro personal hay que procurar causar las menores molestias posibles al cacheado, guardando siempre una proporcionalidad entre la duración e intensidad del cacheo con el fin perseguido y fundamento de las sospechas. Hay que compatibilizar en la medida de lo posible el respeto a la dignidad de las personas, y su derecho a la intimidad, con el buen fin de la diligencia. Por ello, se debe buscar siempre un lugar idóneo para realizar el registro personal, aunque este tenga lugar en la vía pública.

Podemos distinguir dos modalidades:

1. Registro con desnudo integral. Regulado en la Instrucción 7/1996, de 20 de diciembre, de la Secretaría de Estado de Seguridad, en relación con la práctica de desnudos integrales a detenidos con el fin de averiguar si portan entre sus ropas o en los pliegues de su cuerpo algún objeto peligroso o prueba incriminatoria.

2. Registro superficial. Esta modalidad permite, únicamente, un control superficial de las prendas y exterior del individuo. El agente palpa cuidadosamente al sospechoso para examinar e identificar los objetos que porta.

Para realizar un registro superficial, el agente debe tener una sospecha fundada de la existencia de una infracción penal cuya comprobación resulta necesaria averiguar por este procedimiento. Es obligatorio también la identidad de sexo entre el funcionario que realiza el registro personal y la persona cacheada.

Los requisitos para un registro con desnudo integral son los siguientes:

Los enunciados en las instrucciones reseñadas anteriormente y que se resumen en:

1. Detención previa.

2. Sospecha fundada de la existencia de una infracción penal.

3. Identidad de sexo entre el agente cacheador y la persona cacheada.

4. Recuperación de efectos, instrumentos o pruebas del delito.

5. Acuerdo de la medida por el funcionario responsable del ingreso en los calabozos.

6. Protección de la integridad del detenido, de los funcionarios o de otras personas.

7. Garantizar la intimidad del detenido.

8. Motivación de la resolución escrita.

9. Práctica en sala próxima a los calabozos, preferiblemente por el agente que haya realizado la detención si es del mismo sexo.

10. Anotación en el libro registro de detenidos.

El registro de cavidades corporales es una medida de investigación que tiene por objeto la búsqueda del cuerpo del delito en el interior del organismo humano. Esta intervención corporal afecta a los derechos fundamentales establecidos en la Constitución, libertad ambulatoria (art. 17.1), integridad física (art. 15), derecho a no declarar (art. 15), intimidad (art. 18.1), además de los indicios racionales de criminalidad o bien de peligro para el orden público, por lo que se requiere autorización judicial y la intervención de un profesional de la medicina.

La práctica de esta actuación en aquel supuesto en el que el detenido no dé su consentimiento al examen médico, requerirá la solicitud razonada al Juez y el cumplimiento de las formalidades que decrete tal autoridad, debiendo tener aislada y vigilada a la persona objeto de esta práctica hasta la finalización de la misma.

Asimismo, si hay sospecha de transporte de drogas u objetos en el interior del organismo, deberá establecerse una vigilancia permanente a fin de comprobar la expulsión o posible destrucción, que sea compatible con el respeto a la dignidad de las personas. En caso de negativa por parte del detenido a someterse a las pruebas clínicas acordadas por el Juez hay que ponerlo inmediatamente en conocimiento de dicha autoridad.

En la práctica de la realización de este registro se deberá tener muy en cuenta las normas de actuación de la Policía Judicial respecto a las personas presuntamente portadoras de droga en cavidades corporales, de la Fiscalía Especial para la Prevención y Represión del Tráfico Ilegal de Drogas, de 14 de noviembre de 1988.

9.- DILIGENCIA DE PROTECCIÓN DE TESTIGOS

La protección de testigos es la aplicación de unas medidas de protección especial a quienes en calidad de testigos intervengan en procesos penales y que la Autoridad Judicial aprecie racionalmente un peligro grave para la persona, libertad o bienes de quien pretenda ampararse en la Ley, su cónyuge o persona a quien se halle ligado por análoga relación de afectividad o sus ascendientes, descendientes o hermanos. (L.O. 19/1994, de 23 de diciembre, de protección a testigos y peritos en causas criminales).

La Autoridad Judicial puede también extender la declaración de testigo protegido a los policías judiciales que hayan investigado como agentes encubiertos (art. 282 bis. 2 de la LECrim). La Policía Judicial, a través del Ministerio Fiscal, podrá instar el acuerdo judicial de protección para aquellos informadores cuyo testimonio (inferido a través de las investigaciones) quede comprometido por una amenaza o peligro grave.

Con independencia de que la Policía Judicial adopte a priori medidas preventivas de salvaguardia de quien en el futuro pueda ser testigo, la condición de testigo protegido precisa de tres requisitos obligatorios:

1. La existencia de un peligro grave para la persona, libertad o bienes de quien pretenda ampararse, su cónyuge o sus ascendientes, descendientes o hermanos.
2. Tener calidad de testigo en un proceso penal.
3. Una resolución motivada del Juez acordando la declaración de testigo protegido y la adopción de medidas de protección.

Cuando el testigo sea menor de edad y atendiendo a la naturaleza del delito y a las circunstancias de dicho testigo, la Autoridad Judicial puede acordar en una resolución motivada y previo informe pericial que se evite la confrontación visual del testigo con el inculpado. Para ello puede utilizar cualquier medio técnico o audiovisual que haga posible la práctica de esta prueba (arts. 448 y 707 de la LECrim).

Para asegurar el éxito de esta actuación hay que cumplir las siguientes pautas y medidas:

1. No reflejar en las diligencias el nombre, apellidos, domicilio, lugar de trabajo y profesión de los testigos protegidos, ni cualquier otro dato que pueda servir para la identificación de los mismos. En las diligencias se debe utilizar un número o cualquier otra clave para identificar al testigo protegido.
2. Usar cualquier procedimiento que imposibilite la identificación visual normal cuando el testigo protegido comparezca para la práctica de cualquier diligencia.
3. El domicilio del testigo protegido, a efecto de citaciones y notificaciones, se fijará en la sede del órgano judicial interviniente, el cual las hará llegar reservadamente a su destinatario.
4. Evitar que a los testigos se les hagan fotografías o se tome su imagen por cualquier otro procedimiento.
5. Designación de protección policial.
6. Los testigos protegidos pueden ser trasladados a las dependencias judiciales, a su

domicilio o al lugar donde tenga que practicarse alguna diligencia en vehículos oficiales.

7. A los testigos se les puede facilitar documentos de nueva identidad y medios económicos para cambiar su residencia o lugar de trabajo.

La duración, amplitud y detalles de las medidas citadas anteriormente serán determinadas por la Autoridad judicial.

10.-OTRAS DILIGENCIAS

A) DILIGENCIA DE COMUNICACIÓN AL JUZGADO.

El artículo 259 de la Ley de Enjuiciamiento Criminal dispone lo siguiente: *"En ningún caso, salvo el de fuerza mayor, los funcionarios de Policía Judicial podrán dejar transcurrir más de veinticuatro horas sin dar conocimiento a la Autoridad Judicial o al Fiscal de las diligencias que hubieren practicado."*

La diligencia podría quedar redactada como sigue:

DILIGENCIA.- Se extiende para hacer constar, que a la vista de la comparecencia anterior, el funcionario Instructor dispone que se informe telefónicamente al Juzgado de Instrucción en funciones de Guardia de los hechos ocurridos y demás circunstancias conocidas, lo cual se lleva a cabo mediante telefonema número ciento uno (101) de los de estas dependencias, de lo que como Secretario, CERTIFICO.

También puede llevarse a cabo la comunicación al Juzgado mediante un oficio en el que se hacen constar los primeros datos y circunstancias de los hechos que motivan el atestado.

B) DILIGENCIA HACIENDO CONSTAR OMISIÓN INVOLUNTARIA.

DILIGENCIA.- Que se extiende para hacer constar que, por omisión involuntaria, no se ha hecho constar en anteriores diligencias que (pero se debe indicar el motivo de la omisión) de lo que como Secretario, CERTIFICO.

C) DILIGENCIA SOLICITANDO DATOS SOBRE VEHÍCULO.

DILIGENCIA.- Que se extiende para hacer constar que por medio (teléfono, emisora, u otros medios) se solicitan datos del vehículo marca _____, modelo _____, con placas de matrícula _____, resultando que SI/NO figura sustraído, así como que su actual titular es (identificación), de lo que como Secretario, CERTIFICO.

En el caso de figurar como sustraído habría que hacer constar los datos de la denuncia de sustracción que nos faciliten.

D) DILIGENCIA ORDENANDO LA TOMA DE DECLARACIONES.

DILIGENCIA.- Que se extiende para hacer constar que a la vista de los hechos anteriormente citados (o a la vista de la comparecencia anterior), el Instructor de las presentes dispone que se proceda a oír en declaración a (identificación nominal), en ACTA aparte que se unirá a las presentes, de lo que como Secretario, CERTIFICO.-

E) DILIGENCIA DE ENTREGA DE EFECTOS INTERVENIDOS.

Mediante este modelo de diligencia se hace constar la entrega de objetos personales de un detenido a algún familiar o conocido que desee hacerse cargo de los mismos o también se utiliza para la entrega de objetos personales de una víctima de accidente de tráfico. En el acta se enumeraran los citados objetos de la forma más detallada posible y luego es firmada por Instructor, Secretario y persona interesada.

DILIGENCIA.- Que se extiende para hacer constar que siendo las _____, horas y _____ minutos del día de la fecha, comparece quien se identifica mediante (documento nacional de identidad, permiso de conducción, etc) como (filiación nominal) y en calidad de (padre, madre, relación familiar) expresa su deseo de hacerse cargo de los objetos personales de (filiación) depositados en estas dependencias por (motivo).
Que el Instructor dispone le sean entregados los objetos quedando constancia de ello en ACTA que se unirá a las presentes, de lo que como Secretario, CERTIFICO.-

Otras de las diligencias habituales son las que se realizan para la entrega de objetos intervenidos, procedentes de hurtos o robos, a sus legítimos titulares. Estos efectos pasan a disposición judicial en calidad de depósito.

DILIGENCIA.- Que se extiende para hacer constar que el Instructor dispone que los efectos intervenidos en poder del detenido (nombre y apellidos) sean devueltos a su propietario (nombre y apellidos), quedando constancia de ello en ACTA donde se relacionarán y que se unirá a las presentes.

Que es informado que dicha entrega y recepción se hace en calidad de depósito, disposición de la Autoridad Judicial, no pudiendo realizar, por tanto, actos de disposición sobre los mismos sin la previa autorización judicial.
Que no teniendo nada más que hacer constar se da por concluida la práctica de la presente diligencia, de lo que como Secretario, CERTIFICO. -

F) DILIGENCIA DE IDENTIFICACIÓN DE CADÁVER.

Esta diligencia se practica en el caso del hallazgo de un cadáver como consecuencia de un accidente de tráfico, muerte natural o un hecho criminal.
Pueden producirse dos supuestos.

1) Cadáver sin identificar. En este caso se procederá a reflejar en la diligencia todos

los datos externos que se pudieran observar, tales como sexo, altura aproximada, raza, color de pelo, edad aproximada, descripción de ropas, marcas, tatuajes, etc.

> **DILIGENCIA.-** Que se extiende para hacer constar que personado este Instructor en el lugar del suceso se localizó el cuerpo sin vida de un hombre, situado a dos metros de la calzada de la carretera CV-3700, en posición decúbito supino y en un plano perpendicular a los carriles de la citada vía.
> Que efectuado un primer registro superficial no se pudo localizar ningún tipo de documentación que pudiera acreditar la identidad de la persona fallecida.
> Que se observa que se trata de un varón de unos treinta años de edad, de una estatura aproximada de ciento setenta centímetros (170 cm.), de raza blanca, pelo negro, vestido con una camisa de manga corta de color blanco, pantalón vaquero y zapatillas deportivas azules.
> Que en el antebrazo derecho presenta un tatuaje en forma de corazón en cuyo interior se pueden leer las iniciales B.N.M.
> Que en el pómulo izquierdo presenta una cicatriz de unos tres centímetros de longitud.
> Que en el lóbulo de la oreja izquierda lleva un pendiente, aro, al parecer de plata.
> Que en el cuello lleva una cadena, al parecer de oro, con una placa de identificación del mismo metal en cuyo anverso se pueden leer las iniciales A. S. T.; y en su reverso, la fecha diez de julio de mil novecientos setenta, con los guarismos (10-07-70).
> Que no pudiendo aportar más datos sobre identificación se da por terminada la práctica de la presente diligencia, de lo que como Secretario, CERTIFICO.-

2) Cadáver que se puede identificar.

El encabezamiento de la diligencia sería similar a la anterior, pero, lógicamente, habría que hacer constar en uno de los párrafos los datos de filiación y el lugar exacto donde fue hallado el documento de identidad de la víctima:

> Que en el bolsillo trasero derecho del pantalón vaquero se localiza una cartera de color negro en cuyo interior se encuentra, entre otra documentación que se relacionará en diligencia aparte, el documento nacional de identidad número 00.000.000 a nombre de Federico SUAREZ ALAPONT, nacido en Zaragoza el día veinte de agosto de mil novecientos setenta, hijo de Fidel y de Salvadora, con domicilio actual en la calle Teruel número cuatro, puerta 8 de Zaragoza.
> Que la fotografía que aparece en el citado documento concuerda plenamente con la fisonomía del rostro del cadáver.

La diligencia se cerraría del modo habitual, pero el hecho de poder identificar el cadáver mediante el DNI, carné de conducir u otro documento no es óbice para hacer una descripción tan detallada como en la diligencia anterior, donde se describían el anillo, cadena y tatuaje.

G) DILIGENCIA DE LEVANTAMIENTO DE CADÁVER.

Una vez localizado el cadáver y conseguida una primera identificación, descripción e inspección del mismo, se procede al levantamiento del cadáver y posterior traslado. Esta actuación también presenta dos modalidades:

1) Levantamiento del cadáver por comisión judicial.

DILIGENCIA.- Que se extiende para hacer constar que, siendo las veinte horas y cinco minutos del día de la fecha se persona en el lugar del suceso la Comisión Judicial, compuesta por el Ilmo. Sr. Juez titular del Juzgado de Instrucción número 10 en funciones de Guardia, por el Sr. Secretario y por el Sr. Médico Forense.
Que siendo las veinte horas y cincuenta minutos y previo examen del cuerpo sin vida por el Sr. Médico Forense, que certificó su fallecimiento, el Ilmo. Sr. Juez ordena el levantamiento del cadáver y su posterior traslado al Instituto de Medicina Legal de Valencia a los efectos de la práctica de la autopsia.
Que no teniendo nada más que hacer constar se da por terminada la práctica de la presente diligencia, de lo que como Secretario, CERTIFICO.

2) Levantamiento de cadáver por funcionarios policiales.

Este caso se da, por ejemplo, en un accidente de tráfico. Cuando el médico del servicio sanitario que acuda al lugar del siniestro certifica que una de las víctimas ha fallecido, el hecho debe ser comunicado inmediatamente al Juzgado de Guardia, quedando constancia de ello en el cuerpo del atestado mediante la oportuna diligencia. En este supuesto, el Juez de Guardia puede comisionar a los agentes policiales para que procedan a practicar la diligencia de levantamiento de cadáver, que por supuesto quedara reflejada en el atestado mediante diligencia.

DILIGENCIA.- Que se extiende para hacer constar que, por medio de llamada telefónica recibida en la Sala de Transmisiones de esta Policía Local, el Ilmo. Sr. Magistrado Juez titular del Juzgado de Instrucción número 10 de Madrid, en funciones de guardia, comisiona a este Instructor para que proceda a realizar el levantamiento del cadáver.
Que siendo las veinte horas y diez minutos, y en presencia de este Instructor, se procede a efectuar el levantamiento del cadáver, por personal del retén fúnebre judicial, siendo trasladado al Instituto de Medicina Legal a los efectos que procedan.
Que no teniendo nada más que hacer constar se da por terminada la práctica de la presente diligencia, de lo que como Secretario, CERTIFICO.
Atdo. número de registro:

H) DILIGENCIA DE RECONOCIMIENTO FOTOGRÁFICO.

El reconocimiento fotográfico es un método válido para investigar la identidad de una persona. No hay un límite sobre el número de fotografías a mostrar, pero deberá haber una cantidad suficiente para eliminar y minimizar racionalmente las posibles dudas en la identificación o señalamiento, una similitud entre las características físicas de los sujetos y una semejanza en los formatos de las reproducciones fotográficas.

En el caso de que el reconocimiento se efectúe por varias personas, éstas tienen que estar incomunicadas entre sí y el agente debe levantar actas separadas. Cabe la posibilidad de reconocer a varios individuos en un mismo acto, respetando el requisito citado en primer lugar, por lo que habrá que aumentar el número de fotografías de forma proporcionada.

Respecto al valor procesal de la diligencia, el reconocimiento fotográfico realizado ante la policía no constituye una prueba apta para destruir la presunción de inocencia, sino que se trata de la apertura de una línea de investigación policial.

La LECrim. y la Ley Orgánica 2/1986 de Fuerzas y Cuerpos de Seguridad imponen a la Policía Judicial la obligación de averiguar la identidad de los delincuentes, siendo la diligencia de reconocimiento fotográfico una de las primeras técnicas de investigación a emplear.

El Tribunal Supremo afirma la legalidad de la identificación del delincuente mediante la exhibición de fotografías al testigo. El fin de esta diligencia es la apertura de una línea de investigación policial que tiene como punto de partida la utilización de fotografías de sospechosos. Se trata de una técnica elemental e imprescindible en todos los casos en los que se desconoce la identidad del autor del hecho punible.

Esta práctica no contamina la confianza en las posteriores manifestaciones del testigo, tanto en las ruedas de reconocimiento como en las sesiones del juicio. Por ello, su práctica no vicia por contaminación las restantes diligencias sucesivas. Los positivos fotográficos tienen que ser de fecha reciente al hecho que se investiga y deben corresponder a personas cuyas características (aspecto físico, edad y vestimenta) tengan similitud. En el caso de que el reconocedor se encuentre detenido habrá de estar presente un letrado del Colegio de Abogados.

El artículo 230 de la Ley Orgánica del Poder Judicial establece que podrá utilizarse en el proceso cualesquiera medios técnicos de documentación y reproducción, siempre que ofrezcan las debidas garantías de autenticidad. El artículo 11.1 del mismo texto legal sólo excluye a aquellos medios probatorios que vulneren directa o indirectamente algún derecho fundamental.

DIRECCIÓN GENERAL DE LA _____ **ATESTADO Nº** _____ **Unidad o Dependencia... Folio Nº** _____

ACTA DE RECONOCIMIENTO FOTOGRÁFICO

En _____ (_____), siendo las _____ horas del día _____ de _____ de 200___, por los funcionarios del Cuerpo _____, provistos de documentos profesionales números _____ y_____, que actúan como Instructor y Secretario, respectivamente, para la práctica de la presente Acta, HACEN CONSTAR:

Que (previamente citado al efecto) ha comparecido en estas dependencias quien documentalmente acredita ser y llamarse _____ nacido/a en _____ el día _____ de _____ de _____, hijo de _____ y de _____, con domicilio en _____, calle _____, titular del DNI número _____, quien MANIFIESTA: Que en relación a

le son mostradas conjuntamente y en la forma reflejada en el anexo núm. _____, que se adjunta a la presente, _____ fotografías de individuos con características faciales similares, numeradas correlativamente, reconociendo (sin dudas, con dudas, no reconociendo o negativo) al fotografiado con el número _____ como la persona

Que esa fotografía es marcada por el compareciente estampando su firma sobre la misma. (NO RECONOCIENDO entre los mostrados a la persona _____) (RECONOCIENDO al fotografiado con el número _____ como la persona _____, si bien expresa las siguientes

dudas_____ _____).
Siendo las _____ horas del día de la fecha, se da por terminada la presente Acta, que una vez leída por sí y encontrándola conforme, la firma, en unión del Sr. Instructor, de lo que como Secretario CERTIFICO.

Firma del Interesado. Firma del Instructor.
Sello de la Dependencia. Firma del Secretario.
ANEXO NÚMERO _____ AL ACTA DE RECONOCIMIENTO FOTOGRÁFICO REALIZADO EN LA (Unidad o Dependencia) DE LA DIRECCIÓN GENERAL DE LA

_____

EJERCICIOS DE AUTOCOMPROBACIÓN

TEMAS 4 y 5

1. ¿Cuál de estas afirmaciones es falsa?

A. En la denuncia verbal, el denunciante se persona en el juzgado o en las dependencias policiales y declara ante el funcionario.
B. La denuncia por mandatario se hace mediante un poder de representación y en nombre de otra persona o empresa.
C. La denuncia por mandatario es la que recoge un mando policial que sustituye al Instructor.

2. ¿Cuál de estas tres frases es la correcta?

A. Los delitos públicos son los perseguidos mediante la presentación de una querella de la parte ofendida.
B. El delito público es perseguible de oficio y la Policía Judicial, el Ministerio Público y el juez asumen la obligación de intervenir.
C. El delito público es el que comete un funcionario público, autoridad o agente sobre hechos concernientes al ejercicio de sus cargos.

3. La comparecencia debe estar firmada por...

A. Por el denunciante.
B. Por todos los intervinientes: el Instructor, el Secretario y el denunciante.
C. Por el denunciante y el Instructor.

4. ¿Dónde se firma en una comparecencia?

A. El Instructor en la parte izquierda, el Secretario en el centro y el denunciantes o los denunciantes comparecientes firman a la derecha.
B. El Instructor, el Secretario y el denunciante firman en el centro.
C. Sólo firma el denunciante abajo en el centro.

5. Además de la comparecencia como forma habitual de inicio de un atestado, las diligencias se pueden iniciar...

A. Por llamada telefónica, orden del juez o superior jerárquico, propia investigación, ampliación de diligencias o por confesión del autor del delito.
B. Sólo por orden del juez y por propia investigación.
C. Sólo por ampliación de diligencias o por confesión del autor del delito.

6. ¿Cuándo se comprueba el hecho delictivo?
A. Antes de recoger una denuncia, el Instructor tiene que ir al lugar de los hechos para comprobar el delito.
B. El Instructor tiene la obligación de comprobar el delito sólo si el testimonio del denunciante le ofrece dudas.
C. La comprobación del hecho delictivo es el siguiente paso obligatorio después de la denuncia.

7. ¿Cuál de estas diligencias no son de trámite?
A. Diligencias de Información de derechos
B. Diligencias de declaraciones de detenidos y testigos.
C. Diligencias de comunicación al Colegio de Abogados.

8. ¿Cuál de estas diligencias no son de investigación?
A. Diligencias ordenando el traslado de un detenido a centro asistencial.
B. Diligencias de entrada y registro.
C. Diligencias de inspección ocular.

9. ¿Cuál es la frase verdadera?
A. El Instructor tiene un plazo de 12 horas para informar al Juez o al Fiscal de las diligencias que ha practicado.
B. En ningún caso, salvo el de fuerza mayor, el Instructor puede dejar transcurrir más de 48 horas sin dar conocimiento al Juez o al Fiscal de las diligencias que ha practicado.
C. En ningún caso, salvo el de fuerza mayor, el Instructor puede dejar transcurrir más de 24 horas sin informar al Juez o al Fiscal de las diligencias que ha practicado.

10. ¿Las diligencias de antecedentes tienen valor procesal?

A. El valor procesal de las diligencias de antecedentes es muy escaso o nulo, ya que únicamente aportan información al Juez sobre los delitos presuntamente cometidos por el detenido.
B. Las diligencias de antecedentes tienen un gran valor procesal para el Juez, ya que están consideradas como un informe de conducta.
C. Estas diligencias tienen valor procesal sólo si el detenido cuenta con más de 10 detenciones.

SOLUCIONES TEMA 4 Y 5

1. C.
2. B
3. B.
4. A.
5. A
6. C
7. B
8. A
9. C
10. A

TEMA 6

DILIGENCIAS DE INSPECCIÓN OCULAR

1.- LA INSPECCIÓN OCULAR

A) ASPECTOS TÉCNICOS

La inspección ocular está compuesta por una serie compleja de actos que no sólo consisten en la visión del lugar de los hechos por el Juez (la Ley de Enjuiciamiento Criminal se refiere a éste), sino que comprende la descripción del lugar, recogida de vestigios, obtención de fotografías y planos, etc. La inspección ocular se halla regulada en los artículos 326-333 de la Ley de Enjuiciamiento Criminal, donde se recogen una serie de actos genéricos, pero muchos de ellos presentan lagunas o se hallan claramente desfasados.

El objeto principal de toda inspección ocular es averiguar las circunstancias, motivos y responsables de un determinado hecho delictivo. El investigador no debe subestimar nada de lo que se encuentre en la escena del delito. Cualquier detalle, por insignificante que parezca, puede esclarecer la autoría de un delito o ser la clave de investigaciones posteriores.

Como es lógico la inspección ocular debe efectuarse en la escena del delito, quedando constancia de ella en el cuerpo del atestado mediante una diligencia o acta. Por ejemplo, cuando el Instructor dispone mediante una diligencia que se realice la inspección de un vehículo implicado en un atropello mortal con posterior huida del conductor. Una vez realizada la inspección del turismo, los funcionarios comparecen ante el Instructor haciendo entrega del acta de la misma. En las inspecciones oculares tras el hallazgo de un cadáver, el croquis o plano del lugar y las fotografías son dos elementos muy importantes para poder realizar una reconstrucción de los hechos.

2.- MATERIALIZACIÓN

La inspección ocular puede ser realizada por tres grupos de funcionarios policiales:

1º) Inspección ocular por funcionarios de Policía Científica, que constituye una inspección ocular técnica y científica debido a la preparación específica de los agentes y a la utilización de los medios técnicos que disponen.

2º) La inspección llevada a cabo por funcionarios integrantes de los Grupos Operativos, que son los encargados de la investigación del hecho delictivo. Asimismo, es conveniente que en una inspección ocular sobre un hecho criminal participen conjuntamente el funcionario policial técnico y los encargados de la investigación concreta, sobre todo por motivos de coordinación.

3º) La inspección ocular llevada a cabo por los componentes de cualquier dotación policial, que en la mayoría de los casos serán los primeros en llegar al lugar de los hechos. Estos agentes principalmente tienen que proteger la escena del delito, es decir, mantener el lugar en la situación en la que hipotéticamente ocurrieron los hechos e impedir el acceso al lugar de personas no autorizadas. Por ello, deben de abstenerse de tocar los objetos, muebles, enseres, instrumentos, vías de acceso o salida y, en general, cualquier cosa que pueda conservar vestigios, rastros o indicios del delito.

De la misma manera, los primeros agentes que llegan a la escena de un delito grave deben mantener el lugar vigilado para evitar la desaparición de efectos, los llamados instrumentos del delito, así como para evitar sustracciones, creación de pistas falsas o destrucción de las ya existentes. Es muy importante también que tomen datos de identificación de posibles testigos directos o de referencia. Esta información será muy útil luego para los agentes de los grupos de investigación que se hagan cargo del caso.

Para asegurar el éxito de la inspección ocular, las pautas y normas que deben seguir los funcionarios de Policía Judicial son las siguientes:

1) Impedir el acceso al lugar de personas no autorizadas, desalojando las que hubiera, pero estas deben permanecer en las proximidades para posteriores actuaciones como testigos potenciales.

2) Reconocer exhaustivamente el lugar al objeto de verificar la ausencia de personas ocultas, otras víctimas, o el propio delincuente. Hay que tener la precaución de no alterar los vestigios o restos que se hallen en el lugar, determinando vía de entrada y salida.

3) Acotar el lugar con la señalización adecuada.

4) Mantener todos los objetos en el mismo lugar y posición en que fueron encontrados inicialmente.

5) Sin abandonar la misión principal, que es la custodia y preservación de las pruebas, recoger los primeros testimonios de forma verbal para la posible identificación de víctimas, autores o testigos.

6) Si existe víctima, se detallará el sexo, edad aparente, talla, tatuajes, cicatrices, así como la posición que ocupa, socorros prestados, si se movió el cuerpo, cantidad de sangre derramada y situación respecto a la misma, examen de las ropas, heridas que presenta, señales de lucha, etc.

7) Tomar nota de la actuación realizada por cada agente, con el fin de determinar qué objetos fueron desplazados, qué zonas fueron pisadas y evitar evidencias falsas.

8) Descripción de las armas que se encuentren, así como las señales que hayan dejado, casquillos, posición, trayectorias, etc.

9) Confeccionar un croquis del lugar de los hechos, ya sea en interior o en lugar abierto, así como reportaje fotográfico o videográfico, panorámico y de detalle.

10) Especificación de todos los enseres existente en el lugar, con expresión de la posición que ocupa, si es la normal o si han sido alterados.

11) Descripción detallada de la escena, coche, garaje, calle, vivienda con su ventana, puerta, cerradura y todo cuanto se considere de importancia según el delito.

12) Búsqueda de huellas, cabellos, manchas, o cualquier otro tipo de objetos o vestigios que puedan tener relación con el hecho investigado, y acondicionar todas las pruebas para su envío al laboratorio.

13) Especificar el estado del tiempo, fecha y hora probables de la comisión del hecho.

14) El resultado de la diligencia se plasmará en un acta de inspección ocular que será levantada por los instructores.

Hay que tener presente que en cualquier tipo de delito, pero sobre todo en los que dejan huella de su perpetración es fundamental la correcta actuación de la primera dotación policial. Cuanto más perfecta sea dicha actuación la posterior investigación de los Grupos Operativos o de Policía Científica obtendrá más y mejores resultados. Una primera intervención incorrecta puede generar que la inspección ocular posterior quede desvirtuada por la destrucción de pruebas o la creación de pistas falsas.

3. -PRINCIPALES FINES Y REQUISITOS

Para resumir podemos decir que tres son los fines principales que se persiguen en la inspección ocular:

1. Comprobar la realidad del delito.

2. Identificar al autor o autores del hecho.

3. Demostrar su culpabilidad y determinar las circunstancias, tanto adversas como favorables, que hayan concurrido en la comisión de los hechos.

Mientras que los principales requisitos son:.

A) Presunta comisión de un hecho delictivo.

B) Inmediatez. Al objeto de evitar la pérdida o alteración de algún vestigio.

C) Precisión. Hay que descender al detalle mas ínfimo durante la inspección.

D) Minuciosidad. Se deberá dejar constancia de los pormenores observados.

4. INSPECCIÓN OCULAR EN ACCIDENTES DE TRÁFICO

El objeto de la investigación de un accidente de tráfico es responder a las preguntas: qué, cómo y por qué se produjo el siniestros. Por ello, la inspección ocular es fundamental para este cometido. Según lo dispuesto en el artículo 53 de la Ley Orgánica de Fuerzas y Cuerpos de Seguridad (L.O.F.C.S.), corresponde a los funcionarios de Policía Local la instrucción de atestados por accidentes de tráfico ocurridos en el casco urbano.

Aunque las declaraciones de los testigos son de gran valor para la elaboración del atestado, sólo se pueden obtener conclusiones con valor técnico de una investigación específica. Por ello, es muy importante que el personal que realice el atestado cuente con una formación especializada en este tipo de tarea.

Dentro del cuerpo del atestado por accidente de tráfico y especialmente en los considerados como accidentes graves (muerte de una persona, dos o más heridos graves, numerosos vehículos implicados, importantes daños materiales o cuando uno de los vehículos implicados es de transporte escolar o de mercancías peligrosas), se incluye la diligencia de inspección ocular. El objeto de la citada actuación es dar cuenta a la Autoridad Judicial de determinados datos:

1. Lugar, fecha y hora del accidente.

2. Vehículos implicados.

3. Personas lesionadas y fallecidas.

4. Característica de la vía.

5. Circunstancias medioambientales.

6. Circunstancias personales de los respectivos conductores (disminución de capacidad de conducción por motivos psicofísicos)

7. Señalización genérica y específica del lugar del accidente.

8. Huellas, restos y vestigios. (Por ejemplo, los metros de frenada)

9. Determinación de las distintas áreas o puntos del accidente.

10. Posición de los heridos y los fallecidos, así como de los vehículos implicados

11. Reportaje fotográfico.

12. Croquis del campo del suceso

13. Conclusiones o informe

En este último apartado se detallará la posible dinámica del accidente en función de los datos que se hayan podido obtener mediante declaraciones de testigos, presuntos responsables del accidente, etc. La conclusión o informe del accidente se puede extender en la propia inspección
ocular como culminación de la misma o en una diligencia o acta aparte. Como cualquier inspección ocular se puede materializar mediante diligencia o mediante acta, pero en este último caso, existirá en el cuerpo del atestado una diligencia que le sirve de nexo de unión.

También se puede realizar una diligencia de identificación y declaración de una víctima de un accidente posteriormente en el caso de que no fuera posible en el momento de la inspección ocular en el lugar de los hechos.

DILIGENCIA DE IDENTIFICACIÓN/MANIFESTACIÓN DE PEATON ATROPELLADO

Se extiende en ( ), a las 20 horas y 15 minutos del día nueve de agosto de dos mil nueve, por parte del Agente de la Policía Local con número de identificación profesional número doscientos (200) como Instructor, y el Agente de igual clase y número de identificación profesional treinta (30) como Secretario, para hacer constar :---------

Que se procede a la identificación y toma de manifestación del peatón atropellado, en el accidente de circulación que nos ocupa, siendo sus datos los siguientes: D XXXX XXXX. , con D.N.I. , nacido el en ( ), hijo de y de , con teléfono número , vecino de ( ), y domiciliado en la calle , número , puerta , el cual en relación al accidente de circulación que nos ocupa MANIFIESTA:----------------

Que

El/La manifestante declara que lo dicho es la verdad, que no tiene nada más que añadir, y para que conste firma la presente de conformidad con la misma en presencia de la Fuerza Actuante en el lugar fecha y hora arriba señalados. ---------------

----

Firma Instructor Firma Secretario Firma particular

TEMA 7
DILIGENCIAS DE DETENCIÓN

1. CONCEPTO

La detención se puede definir como la medida cautelar por la que se limita a una persona imputada, provisionalmente, de su derecho a la libertad con el fin de determinar su responsabilidad en un hecho punible, cumplir o seguir cumpliendo la condena impuesta y ponerla, en su caso, a disposición de la Autoridad Judicial.

Los motivos que pueden dar lugar a la detención, así como las personas que pueden llevarla a cabo son diversos y se detallan a continuación. La detención puede producirse antes de la existencia de un proceso penal, durante el mismo o cuando éste concluya. Supone por tanto la limitación de un derecho fundamental reconocido en el artículo 17 de la Constitución, del que únicamente se privará en los casos y formas previstos en la Ley.

La detención se halla regulada en los artículo 489 y siguientes de la Ley de Enjuiciamiento Criminal. En la detención intervienen dos sujetos: quien la lleva o puede llevarla a cabo, que llamaremos sujeto activo, y un sujeto pasivo, que es la persona que sufre esa privación o limitación de libertad.

Pueden ser sujetos activos de la detención, es decir pueden llevarla a cabo:

-La Autoridad Judicial y Fiscal.
-Los agentes o funcionarios policiales.
-Los particulares (art.490 LECrim.)
-La Autoridad Gubernativa, en los supuestos de la L.O. 4/81, reguladora de los estados de alarma, excepción y sitio.

2. LA DETENCIÓN POR PARTICULARES

La detención por particulares se encuentra regulada en el artículo 490 de la Ley de Enjuiciamiento Criminal. Así, cualquier persona puede detener:
1º A quien intente cometer un delito en el momento de ir a cometerlo.

2º Al delincuente en el momento de estar cometiendo el delito (delincuente infraganti).

3º Al que ya ha sido procesado o condenado, pero se encuentre en situación de rebeldía por no acudir a los llamamientos judiciales.

4º Al que se fugue del lugar donde está esperando su traslado al establecimiento penal o lugar donde debe cumplir la condena.

5º Al que se fugue al ser conducido al establecimiento penitenciario.

6º Al que se fugue estando detenido o preso por causa pendiente.

Si un particular detiene a otro particular tiene que poder justificar que ha llevado a cabo la misma porque considera razonablemente que el detenido se encuentra en alguno de los casos mencionados anteriormente. El particular no es preciso que informe al detenido de los derechos que le asisten. Será el funcionario policial ante quien sea presentado quien, una vez comprobados los hechos alegados por el particular y siendo ajustada a derecho la detención, informe al privado de libertad de sus derechos constitucionales y legales. El término flagrante delito aparece en el texto constitucional y en otros textos legales, pero no se ofrece una definición legal del mismo, teniendo que recurrir al artículo 779 de la Ley de Enjuiciamiento Criminal, que en la reforma introducida por la L.O. 7/88 de 28 de diciembre del Procedimiento Abreviado contiene la siguiente definición de delito flagrante:

"Se considerará delito flagrante el que se estuviera cometiendo o se acabare de cometer cuando el delincuente o delincuentes sean sorprendidos. Se entenderá sorprendido en el acto no sólo el delincuente que fuere cogido en el momento de estar cometiendo el delito, sino el detenido o perseguido inmediatamente después de cometerlo, si la persecución durare o no se suspendiere mientras el delincuente no se ponga fuera del inmediato alcance de los que le persigan. También se considerará delincuente "in fraganti" aquel a quien se sorprendiere inmediatamente después de cometido el delito con efectos o instrumentos que infundan la sospecha vehemente de su participación en él".

La persona detenida por un particular deberá ser presentada inmediatamente en las dependencias policiales o judiciales, para lo que el particular podrá requerir la presencia de una dotación policial en el lugar de la detención, que informaran de los derechos al detenido, o trasladarlo por sus medios a centro policial, quedando constancia de ello mediante comparecencia.

COMPARECENCIA.- En Valencia y en su Central de Policía Local, siendo las veinte horas y diez minutos del día dos de agosto de dos mil nueve, ante los funcionarios de esta Policía con números de identificación profesional Agente doscientos treinta y seis (236) y Agente ciento treinta y cinco (135), Instructor y Secretario, respectivamente, para la práctica de las presentes diligencias, COMPARECE:
Quien mediante documento nacional de identidad número 00.000.000, en vigor, se identifica como (filiación completa), el cual PRESENTA:
En calidad de detenido a (filiación completa) y MANIFIESTA:
Que (explicación del motivo de la detención).
Que no tiene nada más que decir, firmando la presente en prueba de conformidad una vez leída, en unión del Instructor, de lo que como Secretario, CERTIFICO.
Firma Instructor   Firma Secretario   Firma particular

3. LA DETENCIÓN POR FUNCIONARIOS POLICIALES

La detención por funcionarios policiales se halla regulada en el art. 492 (ver) de la Ley de Enjuiciamiento Criminal, figurando como obligación y no como en el caso del particular, que es potestativa ("Cualquier persona puede detener....").

Una vez detenida una persona, por cualesquiera de los hechos que se le imputen, el funcionario policial actuará como dispone el artículo 520 de la Ley de Enjuiciamiento Criminal.

El artículo 520.2 de la Ley de Enjuiciamiento Criminal señala que *"toda persona detenida o presa será informada, de modo que le sea comprensible, y de forma inmediata, de los hechos que se le imputan y las razones motivadoras de su detención, así como de los derechos que le asisten..."*.

Así pues, la información de derechos debe ser inmediata al momento de la detención, por tanto se procederá a la información verbal de los citados derechos. El detenido debe ser informado de modo que pueda comprender los hechos delictivos de los que se le acusa y las razones que han dado lugar a su detención.

Una vez que el detenido es presentado en las dependencias policiales, ante el Instructor y el Secretario de las diligencias, mediante la oportuna comparecencia, estos pasarán a ser los responsables del mismo. El Instructor debe adoptar como primera medida confirmar que al detenido se le han informado de sus derechos, lo cual se lleva efecto mediante una diligencia.

DILIGENCIA.- Que se extiende para hacer constar, que acto seguido de su presentación en estas dependencias, el Instructor dispone que el detenido sea informado *nuevamente* de sus derechos, de conformidad con lo dispuesto en el artículo 520.2 de la Ley de Enjuiciamiento Criminal, llevándose a cabo mediante ACTA aparte, que se unirá a las presentes diligencias, de lo que como Secretario, CERTIFICO.
Firma del Secretario.

En caso de que el detenido se negare a firmar el acta o diligencia de información de derechos, esta circunstancia se hará constar mediante una diligencia.

DILIGENCIA.- Que se extiende para hacer constar que el detenido se niega a firmar la diligencia de información derechos, sin alegar motivo alguno (o, alegando que), de lo que como Secretario, CERTIFICO.

Una vez realizada la información de derechos, el Instructor adoptará las medidas necesarias para dar cumplimiento a la voluntad manifestada por el detenido, quedando constancia de ello mediante la correspondiente diligencia.

DILIGENCIA.- Que se extiende para hacer constar que, acto seguido y dando cumplimiento a lo solicitado por el detenido (nombre y apellidos), se procede a dar

comunicación al Ilustre Colegio de Abogados de esta Capital de su detención y su expreso deseo de ser asistido por Abogado de Oficio (o, por el Letrado designado particular, Don Luis MARÍN SUAREZ, colegiado número 0.000, de los de esta Ciudad), poniendo asimismo el hecho de la detención y lugar de custodia en conocimiento de su padre (u otra persona) Don (nombre y apellidos), con domicilio en _____, teléfono _____, todo lo cual consta registrado en el Libro de Telefonemas de esta Unidad con los números cien (100) y ciento uno (101), respectivamente.

Que no teniendo nada más que hacer constar se da por terminada la práctica de la presente diligencia, de lo que como Secretario, CERTIFICO.

Esta diligencia se puede desdoblar en dos, una de aviso al Colegio de Abogados y otra de aviso a familiar u otra persona. El resto de los derechos que quieran ser ejercidos por el detenido deben tener constancia documental similar a la anterior.

Si la persona detenida por una primera participación en la comisión de un hecho delictivo fuera, durante su estancia en las dependencias policiales, identificada como responsable de otra infracción penal, deberá ser informada nuevamente de sus derechos, en relación con los nuevos hechos delictivos, y quedará constancia también de la segunda acusación en el cuerpo del atestado.

4. LA ASISTENCIA LETRADA

La designación de abogado es un derecho que tiene el detenido para que le asista en las diligencias policiales y judiciales de declaración e intervenga en todo reconocimiento de identidad de que sea objeto (artículo 17 CE).

Así, el derecho de defensa concretada en la intervención del abogado será la siguiente:

1. La detención y la prisión provisional deberán practicarse en la forma que menos perjudique al detenido o preso en su persona, reputación y patrimonio. Quienes acuerden la medida y los encargados de practicarla así como de los traslados ulteriores, velarán por los derechos constitucionales al honor, intimidad e imagen de aquéllos, con respeto al derecho fundamental a la libertad de información.

La detención preventiva no podrá durar más del tiempo estrictamente necesario para la realización de las averiguaciones tendentes al esclarecimiento de los hechos. Dentro de los plazos establecidos en la presente Ley, y, en todo caso, en el plazo máximo de setenta y dos horas, el detenido deberá ser puesto en libertad o a disposición de la autoridad judicial.

En el atestado deberá reflejarse el lugar y la hora de la detención y de la puesta a disposición de la autoridad judicial o en su caso, de la puesta en libertad.

2. Toda persona detenida o presa será informada por escrito, en un lenguaje sencillo y accesible, en una lengua que comprenda y de forma inmediata, de los hechos que se le atribuyan y las razones motivadoras de su privación de libertad, así como de los derechos que le asisten y especialmente de los siguientes:

a) Derecho a guardar silencio no declarando si no quiere, a no contestar alguna o algunas de las preguntas que le formulen, o a manifestar que sólo declarará ante el juez.

b) Derecho a no declarar contra sí mismo y a no confesarse culpable.

c) Derecho a designar abogado, sin perjuicio de lo dispuesto en el apartado 1.a) del artículo 527 y a ser asistido por él sin demora injustificada. En caso de que, debido a la lejanía geográfica no sea posible de inmediato la asistencia de letrado, se facilitará al detenido comunicación telefónica o por videoconferencia con aquél, salvo que dicha comunicación sea imposible.

d) Derecho a acceder a los elementos de las actuaciones que sean esenciales para impugnar la legalidad de la detención o privación de libertad.

e) Derecho a que se ponga en conocimiento del familiar o persona que desee, sin demora injustificada, su privación de libertad y el lugar de custodia en que se halle en cada momento. Los extranjeros tendrán derecho a que las circunstancias anteriores se comuniquen a la oficina consular de su país.

f) Derecho a comunicarse telefónicamente, sin demora injustificada, con un tercero de su elección. Esta comunicación se celebrará en presencia de un funcionario de policía o, en su caso, del funcionario que designen el juez o el fiscal, sin perjuicio de lo dispuesto en el artículo 527.

g) Derecho a ser visitado por las autoridades consulares de su país, a comunicarse y a mantener correspondencia con ellas.

h) Derecho a ser asistido gratuitamente por un intérprete, cuando se trate de extranjero que no comprenda o no hable el castellano o la lengua oficial de la actuación de que se trate, o de personas sordas o con discapacidad auditiva, así como de otras personas con dificultades del lenguaje.

i) Derecho a ser reconocido por el médico forense o su sustituto legal y, en su defecto, por el de la institución en que se encuentre, o por cualquier otro dependiente del Estado o de otras Administraciones Públicas.

j) Derecho a solicitar asistencia jurídica gratuita, procedimiento para hacerlo y condiciones para obtenerla.

Asimismo, se le informará del plazo máximo legal de duración de la detención hasta la puesta a disposición de la autoridad judicial y del procedimiento por medio del cual puede impugnar la legalidad de su detención.

Cuando no se disponga de una declaración de derechos en una lengua que comprenda el detenido, se le informará de sus derechos por medio de un intérprete tan pronto resulte posible. En este caso, deberá entregársele, posteriormente y sin demora indebida, la declaración escrita de derechos en una lengua que comprenda.

En todos los casos se permitirá al detenido conservar en su poder la declaración escrita de derechos durante todo el tiempo de la detención.

2 bis. La información a que se refiere el apartado anterior se facilitará en un lenguaje comprensible y que resulte accesible al destinatario. A estos efectos se adaptará la información a su edad, grado de madurez, discapacidad y cualquier otra circunstancia personal de la que pueda derivar una limitación de la capacidad para entender el alcance de la información que se le facilita.

3. Si el detenido fuere extranjero, se comunicará al cónsul de su país el hecho de su detención y el lugar de custodia y se le permitirá la comunicación con la autoridad consular. En caso de que el detenido tenga dos o más nacionalidades, podrá elegir a qué autoridades consulares debe informarse de que se encuentra privado de libertad y con quién desea comunicarse.

4. Si se tratare de un menor, será puesto a disposición de las Secciones de Menores de la Fiscalía y se comunicará el hecho y el lugar de custodia a quienes ejerzan la patria potestad, la tutela o la guarda de hecho del mismo, tan pronto se tenga constancia de la minoría de edad.

En caso de conflicto de intereses con quienes ejerzan la patria potestad, la tutela o la guarda de hecho del menor, se le nombrará un defensor judicial a quien se pondrá en conocimiento del hecho y del lugar de detención.

Si el detenido tuviere su capacidad modificada judicialmente, la información prevista en el apartado 2 de este artículo se comunicará a quienes ejerzan la tutela o guarda de hecho del mismo, dando cuenta al Ministerio Fiscal.

Si el detenido menor o con capacidad modificada judicialmente fuera extranjero, el hecho de la detención se notificará de oficio al Cónsul de su país.

5. El detenido designará libremente abogado y si no lo hace será asistido por un abogado de oficio. Ninguna autoridad o agente le efectuará recomendación alguna sobre el abogado a designar más allá de informarle de su derecho.

La autoridad que tenga bajo su custodia al detenido comunicará inmediatamente al Colegio de Abogados el nombre del designado por el detenido para asistirle a los efectos de su localización y transmisión del encargo profesional o, en su caso, le comunicará la petición de nombramiento de abogado de oficio.

Si el detenido no hubiere designado abogado, o el elegido rehusare el encargo o no fuere hallado, el Colegio de Abogados procederá de inmediato al nombramiento de un abogado del turno de oficio.

El abogado designado acudirá al centro de detención con la máxima premura, siempre dentro del plazo máximo de tres horas desde la recepción del encargo. Si en dicho plazo no compareciera, el Colegio de Abogados designará un nuevo abogado del turno de oficio que deberá comparecer a la mayor brevedad y siempre dentro del plazo indicado, sin perjuicio de la exigencia de la responsabilidad disciplinaria en que haya podido incurrir el incompareciente.

6. La asistencia del abogado consistirá en:

a) Solicitar, en su caso, que se informe al detenido o preso de los derechos establecidos en el apartado 2 y que se proceda, si fuera necesario, al reconocimiento médico señalado en su letra i).

b) Intervenir en las diligencias de declaración del detenido, en las diligencias de reconocimiento de que sea objeto y en las de reconstrucción de los hechos en que participe el detenido. El abogado podrá solicitar al juez o funcionario que hubiesen practicado la diligencia en la que haya intervenido, una vez terminada ésta, la declaración o ampliación de los extremos que considere convenientes, así como la consignación en el acta de cualquier incidencia que haya tenido lugar durante su práctica.

c) Informar al detenido de las consecuencias de la prestación o denegación de consentimiento a la práctica de diligencias que se le soliciten.

Si el detenido se opusiera a la recogida de las muestras mediante frotis bucal, conforme a las previsiones de la Ley Orgánica 10/2007, de 8 de octubre, reguladora de la base de datos policial sobre identificadores obtenidos a partir del ADN, el juez de instrucción, a instancia de la Policía Judicial o del Ministerio Fiscal, podrá imponer la ejecución forzosa de tal diligencia mediante el recurso a las medidas coactivas mínimas indispensables, que deberán ser proporcionadas a las circunstancias del caso y respetuosas con su dignidad.

d) Entrevistarse reservadamente con el detenido, incluso antes de que se le reciba declaración por la policía, el fiscal o la autoridad judicial, sin perjuicio de lo dispuesto en el artículo 527.

7. Las comunicaciones entre el investigado o encausado y su abogado tendrán carácter confidencial en los mismos términos y con las mismas excepciones previstas en el apartado 4 del artículo 118.

8. No obstante, el detenido o preso podrá renunciar a la preceptiva asistencia de abogado si su detención lo fuere por hechos susceptibles de ser tipificados exclusivamente como delitos contra la seguridad del tráfico, siempre que se le haya facilitado información clara y suficiente en un lenguaje sencillo y comprensible sobre el contenido de dicho derecho y las consecuencias de la renuncia. El detenido podrá revocar su renuncia en cualquier momento.»

A los detenidos en espacios marinos por la presunta comisión de los delitos contemplados en el artículo 23.4.d) de la Ley Orgánica 6/1985, de 1 de julio, del Poder

Judicial, les serán aplicados los derechos reconocidos en el presente capítulo en la medida que resulten compatibles con los medios personales y materiales existentes a bordo del buque o aeronave que practique la detención, debiendo ser puestos en libertad o a disposición de la autoridad judicial competente tan pronto como sea posible, sin que pueda exceder del plazo máximo de setenta y dos horas. La puesta a disposición judicial podrá realizarse por los medios telemáticos de los que disponga el buque o aeronave, cuando por razón de la distancia o su situación de aislamiento no sea posible llevar a los detenidos a presencia física de la autoridad judicial dentro del indicado plazo

5. OTRAS DILIGENCIAS CON EL DETENIDO

Cualquier actuación policial en relación con una persona detenida debe quedar reflejada en el cuerpo del atestado mediante la correspondiente acta o diligencia. Un ejemplo de este tipo de diligencia sería el traslado del detenido a un centro médico para que reciba asistencia. Asimismo tienen que quedar reflejados en diligencias los casos en los que el Instructor disponga de la puesta en libertad del detenido.

A) Puesta en libertad por delito leve.

DILIGENCIA.- Se extiende para hacer constar que una vez ha sido oído en declaración el detenido Antonio SUAREZ VICENTE, haber sido comprobado su domicilio, carecer de antecedentes (o no tener nada pendiente), y a juicio del Instructor, los hechos que se le imputan reviste carácter de delito leve, es por lo que se dispone su puesta en libertad, abandonando estas dependencias a las _____ horas del día _____, tras ser advertido de la obligación que tiene de comparecer ante la Autoridad Judicial cuando para ello fuera requerido.
Que no teniendo nada más que hacer constar se da por terminada la práctica de la presente diligencia, de lo que como Secretario, CERTIFICO.

B) Puesta en libertad por delito.

DILIGENCIA.- Se extiende para hacer constar que, una vez ha sido oído en declaración el detenido Antonio SUAREZ SOLAZ, haber sido comprobado su domicilio, carecer de antecedentes (o no tener nada pendiente), por presumirse que no se sustraerá a la acción de la Justicia, y a juicio de esta Instrucción, los hechos que se le imputan no revisten carácter de gravedad, es por lo que se dispone su puesta en libertad, abandonando estas dependencias a las _____ horas del día _____, tras ser advertido de la obligación que tiene de comparecer ante la Autoridad Judicial cuando para ello fuere requerido, de lo que como Secretario, CERTIFICO

6. NOTIFICACIÓN AL FAMILIAR Y A LA OFICINA CONSULAR

Es un derecho del detenido que se ponga en conocimiento del familiar o persona que desee el hecho de la detención y el lugar de custodia en que se halle en cada momento. En caso de que el detenido sea extranjero tiene derecho a que se comuniquen las circunstancias anteriores a la Oficina Consular de su país (art. 520 LECrim). La notificación al familiar o persona designada y cuando proceda en razón a la condición del detenido, a la Oficina Consular y Ministerio Fiscal deberá realizarse desde la sede policial a efectos de su constancia. En casos de necesidad y cuando el tiempo de traslado hasta la citada sede se prolongue, estas comunicaciones se pueden efectuar desde un lugar distinto.

El aviso de la detención al familiar y, en su caso, a la Oficina Consular, se tiene que realizar de forma inmediata a la petición del detenido, y debe quedar constancia escrita de las llamadas telefónicas que se realicen para notificar al familiar o persona que desee y, en su caso, a la Oficina Consular, el hecho de la detención, el nombre de la persona a la que se da aviso, la hora, el número de teléfono, la dirección, población, ciudad, etc. En diligencias se hace constar el funcionario que ha realizado la notificación o aviso.

A la persona designada por el detenido se le debe informar del hecho del arresto y el lugar de custodia en que se halle en cada momento el detenido, por lo que cada vez que se varíe el lugar de custodia habrá de notificarse al familiar o la Oficina Consular.

Si se trata de un menor de edad o incapacitado, la autoridad bajo cuya custodia se encuentre el detenido, notificará las circunstancias a quienes ejerzan la patria potestad, la tutela o la guarda de hecho del mismo y, si no fueran hallados, se dará cuenta inmediatamente al Fiscal. Si el detenido menor o incapacitado fuera extranjero, el hecho de la detención se notificará de oficio al Cónsul de su país.

En el caso de que el detenido sea extranjero, al margen de dar aviso a la Oficina Consular de su país, se le tiene que facilitar un intérprete para su declaración. Para ello se podrá recurrir a la Oficina de Interpretación de Lenguas del Ministerio de Asuntos Exteriores, a la citada Oficina Consular u otro servicio de traducción.

Una novedad importante introducida recientemente es el derecho que tiene el detenido de entrevistarse con un tercero de su elección, llamada que se hará por el propio detenido en presencia de los agentes que deberán escuchar dicha conversación.

7. RECONOCIMIENTO MÉDICO

Es un derecho del detenido el poder optar a ser reconocido por el médico forense o su sustituto legal y, en su defecto, por el de la Institución en que se encuentre, o por cualquier otro dependiente del Estado o de otras Administraciones Públicas (art. 520 LECrim).

El reconocimiento médico puede ser solicitado por el detenido, por su abogado, por la Autoridad Judicial, por el Fiscal y por la Policía Judicial. Los funcionarios policiales deben propiciar la práctica de dos reconocimientos médicos, uno inmediatamente después de la detención y lectura de derechos, y otro, próximo a la puesta a disposición de la Autoridad Judicial, o en libertad, en su caso. Respecto a la legalidad de esta actuación, el reconocimiento médico es un derecho cuyo fin es preservar la integridad personal del detenido (art. 520 LECrim).

En las diligencias se deberá hacer constar: la identidad del detenido para el que se requiere el reconocimiento médico, persona que lo interesa, Autoridad judicial a la que se solicita el médico forense, facultativo que realiza el reconocimiento, resultado del mismo y lugar de custodia del detenido. En todos los casos se solicitará del facultativo un certificado médico con el fin de adjuntarlo a las diligencias.

TEMA 8

DILIGENCIAS DE ENTRADA Y REGISTRO

1.-INVIOLABILIDAD DEL DOMICILIO

La inviolabilidad del domicilio es un derecho constitucional básico reconocido en el artículo 18.2 de la Constitución Española, el artículo 545 de la Ley de Enjuiciamiento Criminal y el artículo 12 de la Declaración Universal de Derechos Humanos.

Un domicilio es cualquier lugar cerrado en el que transcurra la vida privada individual y familiar, sirviendo como residencia, estable o transitoria. La protección constitucional del domicilio tiene por finalidad garantizar ese ámbito de privacidad e intimidad.

Dentro de este concepto debe incluirse, no sólo el domicilio de las personas físicas, sino también jurídicas (despachos, oficinas u otros locales) dedicado a la actividad personal profesional privada. El domicilio puede ser permanente o eventual, convencional o no. Por ejemplo: viviendas, habitaciones de hotel, caravanas, coches, tienda de campaña, choza, caseta, cueva, camarote, barco, departamento de coche-cama de un tren, etc.

En cualquiera de los lugares considerados domicilio, la entrada sin el correspondiente mandamiento judicial o situaciones excepcionales de consentimiento del morador, flagrancia y terrorismo (art. 553 de LECrim), dará lugar a responsabilidades penales para el funcionario policial y nulidad de pleno derecho de la prueba por violación de un derecho fundamental.

Para la entrada y registro en edificios y lugares cerrados, no abiertos al público, que no tengan la condición de domicilio, es preciso el consentimiento del titular, orden judicial o concurrencia de delito flagrante.

La flagrancia carece de definición legal y es también de interpretación restrictiva. Requiere inmediatez temporal, inmediatez personal y necesidad urgente; o dicho de otra forma, que se esté cometiendo un delito, que se encuentre allí el delincuente al ser sorprendido y que las circunstancias concurrentes obliguen a una entrada sin dilación alguna para poner término a la situación existente y evitar la propagación del mal. El funcionario actuante, bajo su responsabilidad, debe asegurarse en la valoración de que la naturaleza de los hechos no permite acudir a la Autoridad Judicial para obtener el preceptivo mandamiento.

2.-MODALIDADES DE REGISTRO

En un estado de normalidad constitucional se distinguen dos modalidades de registro:

A) Con orden judicial.

B) Sin orden judicial.

Los registros se pueden realizar sin necesidad de una autorización judicial en los siguientes casos:

1) Con el consentimiento del titular del domicilio.

2) Con ocasión de la detención de un presunto terrorista o rebelde en el caso de excepcionalidad o
urgente necesidad.

3) Cuando se esté cometiendo un delito flagrante en el interior del domicilio.

4) Cuando un delincuente inmediatamente perseguido por los agentes de la autoridad se refugie en
alguna casa, barco u otro lugar considerado domicilio.

4) En el caso de que haya mandamiento de prisión contra una persona.

6) También se autoriza la entrada, pero no el registro, para evitar daños inminentes y graves a las
personas o a las cosas en supuestos de catástrofe, calamidad, ruina inminente u otros semejantes de
extrema necesidad.

3.-VALOR Y LEGALIDAD DE LA ACTUACIÓN POLICIAL

Si interviene el Secretario Judicial, el caso más usual, puesto que la Ley 22/1995, de 17 de Julio, garantiza la presencia judicial en los registros domiciliarios, nos encontramos ante un acta validada por la Fe Pública Procesal (L.O.P.J.). Si no hay intervención judicial, como en los casos excepcionales de delito flagrante, consentimiento del titular y delitos de terrorismo, tendrá el valor de atestado policial. En el supuesto de que el Juez intervenga directamente en la práctica de la diligencia de entrada y registro, tendrá el valor de prueba preconstituida.

Como norma general se solicitará mediante oficio motivado al Juzgado y justificando razonadamente todas las sospechas e indicios que origina tal petición, al objeto de que la Autoridad judicial expida auto de mandamiento de entrada y registro. El acta será levantada por el Secretario Judicial.

En las circunstancias extraordinarias de consentimiento del titular, flagrante delito o terrorismo, el acta será levantada por el Instructor y Secretario en presencia de dos testigos y esté, o no, presente el interesado. En ambos supuestos, la presencia del abogado no es preceptiva, si bien el Juez o el Instructor pueden autorizar la asistencia de letrado, en cuyo caso firmará el acta.

Aunque el precepto legal no exige documentación de la aquiescencia del interesado, resulta altamente aconsejable levantar, con antelación al registro, una diligencia de conformidad, en la que quede plasmado indubitadamente, con firma de los testigos, de la persona que da el consentimiento, así como del Instructor y Secretario, la libre y voluntaria autorización para que los agentes practiquen el registro del total de las estancias existentes en el domicilio.

Si la persona que da su consentimiento no se opone a ello es aconsejable que la diligencia de conformidad sea redactada por ella misma de su puño y letra. La jurisprudencia admite que el consentimiento se preste por personas que viven en el domicilio, aunque jurídicamente no sean titulares del mismo.

Si el consentidor está detenido se deberá tener en cuenta que la jurisprudencia más reciente se pronuncia en el sentido de la necesaria asistencia letrada al otorgar el consentimiento para evitar que tal actuación pueda quedar viciada de nulidad. La asistencia de abogado figurará en la autorización.

4.-PRÁCTICA DE LA ACTUACIÓN

Los funcionarios policiales deben procurar no molestar ni importunar al interesado más de lo necesario, y tienen que adoptar precauciones para no comprometer su reputación, respetando sus secretos si no interesa a la instrucción. Es aconsejable que con anterioridad al registro, el equipo actuante tenga predeterminados los diferentes cometidos de sus componentes: buscador, operador fotográfico o de vídeo, especialista en huellas, etc.

Al ser posible debe estar siempre presente el titular domiciliario, tanto si está detenido como si no, o de la persona que legítimamente le represente. Si asiste el Secretario Judicial no son necesarios los testigos. En este tipo de diligencia, el Instructor y Secretario no realizan el acto de ejecución material del registro, sino el de la dirección de la diligencia y levantamiento del acta, respectivamente.

Los agentes deben establecer un orden a seguir por las diferentes estancias, que será descrito en el acta. También tienen que adoptar las cautelas necesarias para la recogida de muestras o indicios con el fin de no destruir huellas o vestigios y de reflejar la situación en que se encontraban los efectos. Poe ello, es de gran utilidad la toma de fotografías y la elaboración de un croquis.

En el acta hay que consignar siempre las incidencias, alegaciones o quejas que surjan durante el registro. Y en el supuesto de hallar objetos relacionados con delitos no incluidos en el mandamiento judicial, se consignarán en el acta y se comunicará inmediatamente al Juzgado que autorizó la entrada, sin paralizar las diligencias.

Una vez terminado un registro, si existen causas que aconsejen la práctica de una segunda entrada y registro, los funcionarios policiales deben obtener una nueva habilitación legal. A este respecto hay que tener en cuenta las posibles suspensiones mencionadas en el artículo 571 de la LECrim.

En caso de intervención de abundante prueba documental se procederá a reseñarla en el acta, guardándola en sobres o cajas que se cerrarán y precintarán, firmadas y selladas por los actuantes, para posteriormente en sede judicial y en presencia del Secretario, comprobar el contenido, pudiendo también estar presente el interesado y/o su abogado.

Los derechos amparan por igual a toda persona, tanto si está en libertad como privada de ella. Estos derechos, fundamentalmente, son los siguientes: notificación del auto judicial o resolución de entrada y registro, presencia del registro por sí mismo o a través de su representante y a negarse a firmar el acta que se levante con ocasión del registro.

5.-ENTRADA Y REGISTRO EN LUGARES ESPECIALES.-

1) Templos y demás lugares religiosos. Para la entrada y registro en los templos y demás lugares religiosos bastará pasar recado previo de atención al encargado del lugar, excepto los de la Iglesia Católica que requieren consentimiento del ordinario (Acuerdo del Estado Español y la Santa Sede de 3-1-79 y art. 549 de la Ley de Enjuiciamiento Criminal).

2) Interior de embarcaciones. Se reputan edificios o lugares públicos los buques del Estado Español, mientras que los buques nacionales mercantes se consideran domicilios. Por su parte, para los mercantes extranjeros se requiere la autorización del Capitán o del Cónsul de su nación. En los buques extranjeros de guerra, la falta de autorización del Comandante se suplirá por la del Embajador o Ministro de la nación a la que pertenezcan; y en el supuesto de abordaje previo, tanto en aguas jurisdiccionales como en alta mar, el registro se realizará una vez atracada la nave en puerto español.

3) Cortes Generales. Las Cortes Generales son inviolables. El Juez necesita para la entrada y registro en el Palacio de cualquiera de los Cuerpos Colegisladores la autorización del presidente respectivo.

4) Palacios y sitios reales. Se necesita la real licencia del Jefe de la Casa de S.M. si se halla el Monarca. En los sitios reales donde no se hallase el Monarca será necesaria la licencia del Jefe o empleado del servicio de su Majestad que tuviere a su cargo la custodia del edificio.

5) Embajadas. Tanto para entrar en el domicilio del personal acreditado como en las oficinas se necesita la autorización de la Autoridad extranjera competente (Convenio de Viena de 18-4-61).

6) Locales de la Unión Europea. Los locales de la Unión Europea son inviolables a tenor de los Tratados de la U.E. y Protocolo de Privilegios e Inmunidades. Asimismo estarán exentos de todo registro, requisa, confiscación o expropiación. Los bienes y activos de las Comunidades Europeas no podrán ser objeto de ninguna medida de apremio administrativo o judicial sin autorización del Tribunal de Justicia.

7) Consulados. En las oficinas consulares se requiere autorización de la Autoridad extranjera competente (Convenio de Viena de 24-4-63).

DIRECCIÓN GENERAL DE LA _____ ATESTADO nº _____ Unidad o Dependencia... Folio Nº _____

ACTA DE ENTRADA Y REGISTRO EN DOMICILIO

En _____(_____), siendo las _____ horas del día____ de _____ de 200___, por los Funcionarios del Cuerpo _____, provistos de documentos profesionales números _____ habilitados para la práctica de esta diligencia, o concurriendo el caso _____ de los que autoriza la diligencia de propia Autoridad, en el domicilio de **(1)**_____Don _____ con D.N.I. Núm. _____, sito **(2)** _____ con el fin de practicar el registro por **(3)**_____

Dándose a conocer como Agentes de la Autoridad con exhibición de las credenciales reglamentarias, así como el motivo del registro, ante Don _____ _____, nacido el ____ de _____ de 199____, en _____ (_____), hijo de _____ y de _____ estado, _____, profesión, _____ con D.N.I. _____ que reside en la citada vivienda en calidad de _____ se procede a penetrar en el inmueble y realizar el registro, en presencia del mismo y de los testigos siguientes: Don _____con D.N.I. núm. _____ mayor de edad y vecino de _____ con domicilio en calle_____ _____ número_____ piso_____ puerta _____. Don _____ con D.N.I. núm. _____ mayor de edad y vecino de _____ con domicilio en calle _____ _____ número _____ piso_____ puerta _____.

Habiendo dado el resultado que a continuación se indica:

Se concluye el registro a las _____ horas del día _____ de _____ de 199___, levantándose la presente Acta, que consta de ___ folios, escritos por ambas caras, numerados correlativamente y rubricados, la cual después de ser leída, es firmada por todos los intervinientes, en unión del Instructor, del que como Secretario CERTIFICO.

Firma del Interesado. Firmas de los Testigos.

Firma del Instructor. Firma del Secretario.
Sello de la Dependencia.

NOTAS

(1). Si se conoce hay que reflejar el propietario registral del inmueble, inquilino o el título en virtud del cual es morador.

(2). Detallar de manera prolija la situación exacta del inmueble (calle, paraje, camino, piso, puerta, letra, mano, chabola, orientación, etc.).

(3). Motivos de los indicios racionales o justificación de la flagrancia del delito

EJERCICIOS DE AUTOCOMPROBACIÓN

TEMAS 6, 7 Y 8

1. ¿Cuál es objetivo principal de toda inspección ocular?
A. Comprobar que se ha cometido el hecho delictivo.
B. Probar que la denuncia se basa en un hecho real.
C. Averiguar las circunstancias, motivos y responsables de un hecho delictivo.

2. ¿Cuándo realiza la Policía Local el atestado de un accidente de tráfico?
A. Cuando la Guardia Civil de Tráfico no puede realizarlo.
B. Cuando el accidente ocurre en el casco urbano
C. Cuando el accidente ocurre en el casco urbano y no hay víctimas mortales.

3. ¿Quiénes son los sujetos activos de una detención?
A. La Autoridad Judicial, el Fiscal, los funcionarios policiales, los particulares y la Autoridad Gubernativa.
B. Los agentes policiales.
C. Los detenidos.

4. Cualquier persona puede detener a...
A. Al delincuente en el momento de estar cometiendo el delito.
B. Los ciudadanos no pueden detener a nadie.
C. Los ciudadanos sólo pueden detener a los autores de delitos contra el patrimonio.

5. Según la Ley de Enjuiciamiento Criminal, el delito flagrante es:
A. El que se estuviera cometiendo cuando el delincuente es sorprendido.
B. El que se estuviera cometiendo o se acaba de cometer cuando el delincuente es sorprendido.
C. Es un delito tan evidente que no hace falta realizar la inspección ocular.

6. ¿Cuál de estas afirmaciones es la verdadera?
A. La persona detenida por un particular deber ser entregada a un funcionario policial o Juez en un plazo de 24 horas.
B. La persona detenida por un particular debe ser entregada en el juzgado en un plazo de 36 horas.
C. La persona detenida por un particular debe ser presentada inmediatamente en las dependencias policiales.

7. ¿Los funcionarios policiales tienen que informar de sus derechos a los detenidos?
A. La información de los derechos debe ser inmediata al momento de la detención.
B. Los funcionarios policiales tienen un plazo de 12 horas para leer al detenido sus derechos.
C. Los funcionarios policiales sólo leen los derechos a los detenidos por delitos flagrantes.

8. ¿Cuál de las tres afirmaciones es falsa?
A. El abogado puede entrevistarse reservadamente con su detenido antes de prestar declaración y al término de la práctica de la diligencia.
B. Los abogados pueden solicitar la consignación en el acta de cualquier incidencia que haya tenido lugar durante su práctica.
C. El abogado puede entrevistarse reservadamente con su detenido únicamente antes de que declare ante el funcionario policial.

9. Si el detenido se niega a firmar el acta o diligencia de información de sus derechos...
A. La circunstancia se hace constar mediante una diligencia.
B. El detenido no pasa a disposición judicial hasta que no la firme.
C. El detenido no tiene derecho a un abogado hasta que no la firme.

10 ¿En cuál de estos tres casos se puede registrar un domicilio sin autorización judicial?
A. Cuando se está cometiendo un delito flagrante en el interior del domicilio.
B. En los hechos delictivos cuya pena sea superior a los dos años de prisión.
C. Cuando el funcionario policial está convencido de que el delincuente está dentro del domicilio.

SOLUCIONES TEMA 6, 7 Y 8
1. C
2. B
3. A
4. A
5. B
6. C
7. A
8. C
9. A
10. A

TEMA 9
El "HABEAS CORPUS"

1. CONSIDERACIONES GENERALES

El "Habeas Corpus", término que proviene del latín, se trata de un procedimiento especial y sumario y que sirve para la puesta inmediata a disposición judicial de toda persona detenida ilegalmente. Tiene por objeto la declaración de conformidad o no a derecho de una detención o de las condiciones de la misma, es decir evitar las detenciones arbitrarias.

La Constitución Española en el artículo 17.4 regula el derecho fundamental de "Habeas Corpus". Toda persona privada de libertad que considera que lo ha sido ilegalmente o que la detención se está desarrollando de forma ilegal, puede acudir al procedimiento de "Habeas Corpus". Este conlleva el deber inexcusable de todo funcionario policial de poner en inmediato conocimiento del Juez de Instrucción competente las peticiones que en este sentido pueda recibir en las instalaciones policiales. En ningún caso el funcionario policial puede denegar la petición de "Habeas Corpus", aunque considere que no concurren los requisitos precisos, ya que esta facultad es exclusiva del Juez.

La detención preventiva no puede durar más del tiempo estrictamente necesario y en el plazo máximo de 72 horas el detenido debe ser puesto en libertad o a disposición de la Autoridad Judicial. La Ley Orgánica 6/1984, de 24 de mayo, desarrolla la regulación del procedimiento de "Habeas Corpus". La causa que motiva la solicitud de este derecho fundamental puede basarse en razones sustantivas, como la inexistencia de delito, la no participación del detenido en los hechos; o adjetivas como el quebranto de algún derecho fundamental o la irregularidad formal de la detención.

El objetivo principal del procedimiento de "Habeas Corpus" es hacer cesar de modo inmediato las actuaciones irregulares de privación de libertad, o bien restablecer los derechos no respetados del detenido.

2. CAUSAS

Las personas detenidas ilegalmente, según el artículo primero de la Ley 6/84, son las siguientes:

a) Las que lo fueren por una autoridad, agente de la misma, funcionario público o particular sin que concurran los supuestos legales, o sin haberse cumplido las formalidades y requisitos exigidos por la Leyes. (arts. 17.1 CE y 489-501 LECrim.)

b) Las personas que estén ilícitamente internadas en cualquier establecimiento o lugar.

c) Las que estuviesen detenidas por un plazo superior al señalado en las Leyes, y si transcurrido el mismo plazo no son puestas en libertad o entregadas al Juez más próximo al lugar de la detención.

d) Las privadas de libertad y no les sean respetados los derechos que la Constitución y las Leyes Procesales garantizan a toda persona detenida (arts. 17.3 CE y 520, 520.bis y 527 de la Ley de Enjuiciamiento Criminal).

3. PERSONAS LEGITIMADAS PARA SOLICITAR EL "HABEAS CORPUS"

1. La persona privada de libertad, su cónyuge u otra persona unida por análoga relación de afectividad, así como descendientes, ascendientes y hermanos.

2. En el caso de menores y personas incapacitadas, sus representantes legales pueden solicitar el "Habeas Corpus".

3. El Ministerio Fiscal.

4. El Defensor del Pueblo.

5. El Juez competente que tenga conocimiento de la detención lo puede solicitar de oficio.

El inicio de este procedimiento se puede producir por comparecencia verbal o escrita de las personas legitimadas ante la Autoridad Judicial, Gubernativa, agente o funcionario de la misma, no siendo preceptiva la intervención de Abogado ni de Procurador.

4. CONTENIDO DEL ESCRITO DE SOLICITUD

1) Identidad de la persona que lo solicita y del detenido para el que se pide el amparo judicial.
2) Lugar donde se encuentra el detenido, autoridad o funcionario bajo cuya custodia esté, si fueran conocidos, y todas aquellas circunstancias que pudieran resultar relevantes para el fin perseguido.
3) Motivo por el que se solicita.

5. RESOLUCIONES JUDICIALES

Una vez que la Autoridad Judicial tiene conocimiento del procedimiento de "Habeas Corpus", dictará mediante un auto y en el plazo de 24 horas una de las siguientes resoluciones:

1) Archivo de las actuaciones, por lo que se declara la privación de libertad conforme a derecho.

2) Puesta en libertad del detenido.

3) Que continúe la privación de libertad conforme a las disposiciones legales, pero variando el lugar de custodia o las personas bajo cuya guarda se encuentra el detenido.

4) Que el detenido sea puesto inmediatamente a disposición judicial.

6. DILIGENCIAS A PRACTICAR EN SEDE POLICIAL.

1) Diligencia haciendo constar la solicitud de "Habeas Corpus" por un detenido.

DILIGENCIA.-Que se extiende para hacer constar que siendo las quince treinta horas del mismo día de inicio de las presentes, el detenido Antonio VIDAL MONTES, cuyos demás datos de filiación ya constan en _____ y que lo está por un presunto delito de _____, manifiesta a esta Instrucción que "su detención es ilegal, ya que no es el autor de los hechos que se le imputan, por lo que solicita *habeas corpus*".
Que ante esta circunstancia el Instructor dispone que se ponga inmediatamente en conocimiento del Ilmo. Sr. Magistrado-Juez de Instrucción en funciones de Guardia, siguiendo lo preceptuado en la Ley Orgánica 6/84, lo cual se lleva a cabo mediante llamada telefónica registrada en el Libro de Telefonemas de esta Unidad con el número doscientos (200), de lo que como Secretario, CERTIFICO.
Firma del Secretario.

La comunicación al Juzgado de la solicitud de "Habeas Corpus" puede efectuarse igualmente mediante oficio.

2. Diligencia haciendo constar resolución judicial.

DILIGENCIA.- Que se extiende para hacer constar que siendo las _____ horas y _____ minutos del mismo día se recibe llamada telefónica procedente del Juzgado de Instrucción en funciones de Guardia, que queda registrada en el Libro de Telefonemas con el número ciento uno (101), en la que S.Sª, Magistrado-Juez de Instrucción en funciones de Guardia, acuerda lo siguiente: "Póngase inmediatamente a mi disposición al detenido Antonio VIDAL MONTES, remitiendo a este Juzgado las diligencias practicadas hasta este momento".

Que no teniendo nada más que hacer constar se da por terminada la práctica de la presente diligencia, de lo que como Secretario, CERTIFICO.

Firma del Secretario.

En esta diligencia de resolución judicial se debe hacer constar la que tome el Juez de Guardia, que puede ser la relatada u otras como la citación en comparecencia en el Juzgado de los funcionarios que practicaron la detención.

TEMA 10
DILIGENCIAS DE REMISIÓN.

1. DILIGENCIA DE REMISIÓN

Las diligencias de remisión son las últimas del atestado y contienen los datos más esenciales del mismo. Si hubiera que redactar un segundo atestado en relación con otro ya remitido, el Instructor hará constar en el último que es ampliatorio del anterior. Por ejemplo, un primer atestado se realiza sobre el atropello de una persona y posterior fuga del autor del mismo. Las diligencias son enviadas al Juzgado de Instrucción de Guardia, y meses después se logra identificar y detener al conductor que huyó. En este segundo atestado deberá reflejarse que es ampliatorio del primero.

Con las diligencias de remisión se da a entender que momentáneamente no hay otras diligencias más urgentes que practicar para la resolución del hecho delictivo. Estas diligencias tienen una gran importancia, ya que son las primeras que revisa el Juez, y tienen que reflejar lo más sustancial del atestado y los datos más esenciales:

- Hora y fecha de terminación del atestado.
- Folios numerados.
- Detenidos con su nombre y apellidos que pasan a disposición judicial.
- Nombre y apellidos de las personas que han sido detenidas y puestas en libertad. Hay que hacer mención expresa de que se han comprobado los domicilios y se les ha advertido a estas personas de la obligación que tienen de comparecer ante la Autoridad Judicial cuando sean citadas.
- Pruebas, efectos, instrumentos y documentos que se remiten a la Autoridad Judicial.
- Actas de información de derechos, de ofrecimiento de acciones, de inspección ocular, etc.
- Informes, croquis, reportajes fotográficos que se adjuntan o si están pendientes de remisión.
- Cualquier circunstancia relacionada con una persona detenida. Un ejemplo sería cuando el detenido ingresa en un hospital.
- Autoridad Judicial a la que se remite el atestado.
- Mención a la remisión de copias al Ministerio Fiscal y otros organismos.
- Hay que especificar si es ampliación de otro atestado.
- Otras circunstancias de las que se quiera informar a la Autoridad Judicial, como pueden ser las investigaciones que se continúan realizando en su caso.

1. Remisión de un atestado simple.

DILIGENCIA DE REMISIÓN.- En este estado, las presentes diligencias se dan por finalizadas, siendo las veinte horas y cinco minutos del día de su inicio, constando las mismas de dos folios vueltos, las que son remitidas al Ilustrísimo Señor Magistrado-Juez titular del Juzgado de Instrucción en funciones de guardia, de los de esta localidad.
Se significa que se continúan las gestiones para la localización del testigo
D. (nombre y apellidos).

2. Remisión de un atestado complejo.

DILIGENCIA DE REMISIÓN.- En este estado de las presentes diligencias, se dan por finalizadas a las doce horas del día siguiente al de su inicio (o bien poner el día de finalización), las que constan de ocho folios, escritos por su anverso y de las siguientes ACTAS:
- Una de ofrecimiento de acciones.
- Dos de información de derechos.
- Dos de declaración de investigados.
- Una de declaración testifical.
- Una de reconocimiento y entrega de objetos.
- Una de inspección ocular.

Que pasan a disposición de Ilustrísimo Señor Magistrado-Juez titular del Juzgado de Instrucción número 10 de Valencia en funciones de guardia como presuntos responsables de los hechos delictivos objeto de este atestado (nombre y apellidos9 y (nombre y apellidos).

Que se adjunta un pasamontañas de lana de color negro, un cuchillo de veinte centímetros de hoja y mango de plástico de color negro, cinco billetes de veinte euros, un reloj de pulsera, al parecer de oro, de la marca "CARTIER", con la inscripción "AMA", en el cierre de la pulsera, efectos todos ellos ocupados al detenido (nombre y apellidos).
Se significa a S.Sª que las presentes son ampliatorias a las número 9876/00 de fecha dos de septiembre del año dos mil, tramitadas en estas dependencias por un presunto delito de _____, y que en su día fueron remitidas al Juzgado de Instrucción número dos de Valencia.
Que se remite copia al representante del Ministerio Fiscal.
Que no teniendo nada más que hacer constar y considerando que no existen otras más urgentes que practicar, se remiten la presentes al Ilmo. Sr. Magistrado-Juez titular del Juzgado de Instrucción en funciones de Guardia, de los de esta localidad, de lo que como Secretario, CERTIFICO.

2. DILIGENCIAS DE REMISIÓN DENTRO DEL ATESTADO.

Hay otra clase de diligencias de remisión, que se incluyen dentro del cuerpo del atestado, pero son de trámite y tienen como finalidad dejar constancia de la remisión a otros organismos policiales o de otro ámbito, así como a la Autoridad Judicial o Fiscal, de actas, informes, objetos, documentos, reportajes fotográficos u otros medios de prueba. Estas actuaciones también pueden materializarse mediante oficio.

TEMA 11

ACTAS Y OFICIOS

1. ACTAS

Las actas policiales representan la materialización por escrito de un acto de investigación concreto, aislado del resto de los demás, que se ha podido realizar con motivo de la instrucción del atestado, al cual se unirá posteriormente. Asimismo, el acta se extiende con independencia del atestado, pero en íntima relación con éste. Mientras que las diligencias conforman el atestado propiamente dicho y se suceden correlativamente, una detrás de otras, el acta tiene vida independiente. Esto es precisamente lo que diferencia el acta de las diligencias.

La independencia de las actas policiales hace necesario que conste en cada una de ellas todos los datos que por norma general se incluyen en las comparecencias, es decir, el lugar, la fecha y la hora, los funcionarios que intervienen y en calidad de qué, así como cualquier otra circunstancia que guarde relación con su práctica. Normalmente, las actas se denominan en función del acto que reflejan. Por ejemplo: acta de inspección ocular, acta de entrega de objetos al propietario, acta de entrada y registro en un domicilio, acta declaratoria, acta de destrucción de efectos perecederos, acta de toma de muestra caligráfica, acta de reconocimiento de voces, acta de reconocimiento de identidad en rueda, acta de precinto de inmueble, etcétera.

Asimismo existen tantas clases de actas como variado es su contenido. En las diligencias de remisión se deberán reflejar el número y las clases de actas que acompañan al atestado. Esto permitirá a la Autoridad Judicial una mejor apreciación en su conjunto de la actuación policial.

Un ejemplo concreto de levantamiento de acta sería la correspondiente a una rueda de reconocimiento para identificar al presunto autor de un delito. En la misma se consigna minuciosamente el lugar, la fecha, la hora de inicio y finalización, así como el resultado obtenido y las incidencias surgidas durante el acto de identificación por parte del testigo o la víctima. El acta de rueda de reconocimiento deben firmarla todos los asistentes: el Juez, el Secretario Judicial, el Abogado defensor, el Instructor, etc.

2. OFICIOS

Los oficios o comunicaciones oficiales son los escritos que se dirigen a las autoridades de otros organismos o las comunicaciones que se efectúan entre los diversos servicios de un centro. Este tipo de documento sirve para comunicar disposiciones, informes, órdenes o también para llevar a cabo gestiones de colaboración, agradecimiento, acuerdos, etcétera. Asimismo, el texto de estos escritos se basa en la emisión de instrucciones, recomendaciones o informaciones. Los oficios deben redactarse de forma impersonal, sin formas de salutación o despedida ni tratamiento o cortesía. Así han quedado en desuso fórmulas como: "Dios guarde a Vd. muchos años".

En un oficio deben aparecer los siguientes datos:

- **Lugar y fecha.**
- **Asunto. Un breve resumen identificando el contenido.**
- **Nuestra referencia. Deberá constar el número de registro de salida y oficina.**
- **Su referencia. Constará el número del escrito y oficina de procedencia del oficio que ha motivado nuestra contestación.**

A continuación se redacta el contenido del escrito y una vez terminado se hace constar:

- **Identificación del órgano por medio de la antefirma.**
- **Identificación del firmante. Debajo de la firma y rúbrica se ponen los apellidos y el nombre del firmante o la categoría y número profesional.**
- **El pie se realizará de forma impersonal y se hace constar el órgano al que se dirige.**

Algunos ejemplos de oficios de interés policial son: oficio al Decano del Colegio de Abogados para informarle de una incidencia en una asistencia letrada, oficio remitido a un Ayuntamiento con objetos perdidos hallados en la vía pública, oficio solicitando a la Autoridad Judicial un mandamiento de entrada y registro en un domicilio, oficio informando a la Autoridad Judicial de la hospitalización de un detenido, oficio comunicando a la Fiscalía de Menores una actuación relacionada con un menor, oficio comunicando la detención de un militar al Juez Togado Militar, etcétera.

EJERCICIOS DE AUTOCOMPROBACIÓN

TEMAS 9 y 10 y 11

1. ¿Qué es el procedimiento de "Habeas Corpus"?
A. Un término que proviene del latín y que utiliza el Juez para dar por terminado el cuerpo del atestado.
B. Es un procedimiento especial que sirve para la puesta inmediata a disposición judicial de una persona detenida ilegalmente.
C. Es un procedimiento que sirve para poner a disposición judicial a un detenido que es miembro de un cuerpo policial.

2. ¿Qué tiempo máximo dura la detención preventiva?
A. Un tiempo máximo de 72 horas.
B. Un tiempo máximo de 48 horas.
C. Un tiempo máximo de 24 horas.

3. ¿Cuál de estas personas ha sido detenida ilegalmente?
A. Una persona detenida por un ciudadano.
B. Una persona privada de libertad durante 48 horas y que todavía no ha pasado a disposición judicial.
C. Una persona privada de libertad a la que no le leyeron sus derechos.

4. ¿Cuál de estas personas no está legitimada para solicitar el "Habeas Corpus"
A. Un amigo del detenido.
B. El Ministerio Fiscal.
C. El Defensor del Pueblo.

5. ¿Cuál de las tres afirmaciones es la verdadera?
A. Una vez que el Juez tiene conocimiento del "Habeas Corpus" dictará un resolución en el plazo de una hora.
B. Una vez que el Juez tiene conocimiento del "Habeas Corpus" dictará un resolución en el plazo de 24 horas.
C. Una vez que el Juez tiene conocimiento del "Habeas Corpus" el fiscal decide si la detención es ilegal.

6. ¿Qué son las diligencias de remisión?
A. Son las diligencias de inicio que se remiten al Ministerio Público con el fin de que revise su acusación inicial.
B. Las diligencias de remisión son las últimas del atestado y contienen los datos más esenciales del mismo.
C. Las diligencias de remisión son las últimas del atestado y contienen datos secundarios.

7. ¿Qué son las actas policiales?
A. La materialización por escrito de un acto de investigación concreto y aislado del resto de los demás.
B. El acta policial es el conjunto de diligencias que conforman el atestado.
C. Es la última hoja del atestado donde firman el Instructor y el Secretario.

8. La independencia de las actas policiales hace necesario que...
A. Que conste en cada una de ellas todos los datos que por norma general se incluyen en las comparecencias.
B. Que conste sólo la fecha y la hora.
C. Que conste sólo la función del acto que refleja.

9. ¿Cuál de las tres afirmaciones es falsa?
A. Los oficios son escritos que se dirigen a las autoridades de otros organismos.
B. Los oficios son comunicaciones que se efectúan entre los diversos servicios de una administración pública.
C. Los oficios son resoluciones del Juzgado de Guardia.

10. ¿Para qué sirven los oficios?

A. Para que las órdenes del Juzgado de Guardia lleguen a todos los procuradores y abogados.
B. Para comunicar disposiciones, informes y órdenes entre los servicios de una administración pública.
C. Para que las órdenes del Juzgado de Guardia lleguen al Juez de Vigilancia Penitenciaria.

SOLUCIONES TEMA 9, 10 y 11.
1. B
2. A
3. C
4. A
5. B
6. B
7. A
8. A
9. C
10. B

MODELOS DE DILIGENCIAS

Diligencias de INICIO

Diligencia de exposición

En *** (***), siendo las ***.*** horas del dia***, actuando como Instructor de las presentes diligencias el ***(empleo y cargo) *** D. *** (DNI)***, y, nombrado como Secretario el ***(empleo y cargo) *** D. *** (DNI)***, por medio de la presente se hace constar que:

* Recibida llamada telefónica en las dependencias de esta Unidad por la que se comunicaba ***.

* Recibido en esta unidad con fecha *** de los corrientes (oficio, mandamiento, télex...), dimanante del Ilmo. Sr. Juez de Instrucción n1 *** de los de ***(Fiscal, Órgano administrativo...), el mismo dice: (Transcripción literal del documento)

* Recibida en esta Unidad denuncia interpuesta por D.***(DNI), por la comisión de un supuesto delito de *** (se adjuntará el acta de manifestación)

* Como consecuencia de (noticias confidenciales recibidas, gestiones practicadas, denuncia anónima recibida...),

... se dan por tanto inicio a las presentes diligencias, en atención a cuanto dispone el artículo 284 de la LECRIM, con sujeción a las formalidades y principios que fija la referida norma legal.

Y para que conste, se extiende la presente en el lugar y fecha señalados. **Conste y certifico**

Diligencias de INVESTIGACIÓN

Diligencia de práctica de gestiones iniciales

En *** (***), siendo las ***.*** horas del día ***, por medio de la presente se hace constar, que el Instructor, a la vista de lo acontecido, ordena se practiquen las siguientes gestiones:

1.- Se cite al objeto de oir en manifestación a los siguientes:

2.- Se verifique inspección ocular en ***.
3.- ***.
4.- Se participe el hecho a la Autoridad Judicial, en virtud de lo prevenido en el artículo 295 de la LECRIM.

Y para que conste, se extiende la presente en el lugar y fecha señalados. **Conste y certifico**

Diligencia constatando representación denunciante

En *** (***), siendo las ***. *** horas del día ***, por medio de la presente se hace constar que vista la denuncia interpuesta por D. *** (DNI), en nombre y representación de D. *** (DNI), se significa que tal cualidad lo es por *** (detallar el medio que acredite para su representación).

Y para que conste, se extiende la presente en el lugar y fecha señalados. **Conste y certifico**

Diligencia solicitando medidas de protección para un testigo

En *** (***), siendo las ***. *** horas del día ***, se hace constar que con motivo de la investigación desarrollada en torno a los hechos objeto del presente, se ha identificado como testigo de los mismos, al que a partir de ahora (y en espera de confirmación judicial), se denominará como *(PALABRA CLAVE)*, dado que el mismo teme por su *(persona libertad o bienes, o de su cónyuge o persona a quien se halle ligado por análoga relación de afectividad o sus descendientes, ascendientes o hermanos)*.

Por todo lo expuesto es por lo que el instructor de las presentes diligencias de prevención, acuerda solicitar del Ilmo Sr. Juez de Instrucción n1 *** de los de ***, se adopten en relación con el testigo citado, cuya identificación se adjunta al escrito solicitud en sobre cerrado, cuantas medidas recoge y estime procedentes de las recogidas en la Ley Orgánica 19/94, de 23 de Diciembre, de protección a testigos y peritos en causas criminales.

Y para que conste, se extiende la presente en el lugar y fecha señalados. **Conste y certifico**

Diligencia solicitando mandamiento de entrada y registro

En *** (***), siendo las ***.*** horas del día ***, por medio de la presente se hace constar que se tienen noticias fundadas de que en el domicilio de D. *** (DNI), se encuentran

* Objetos procedentes de robos
* Sustancias psicotrópicas para su venta
* Pruebas conducentes al esclarecimiento del delito
....
* (MOTIVAR)

Por todo lo cual, y siendo absolutamente necesario al objeto de sustanciar las diligencias de prevención que en esta Unidad se instruyen, el instructor acuerda solicitar del Ilmo. Sr. Juez de Instrucción n1 *** de los de ***; libre el oportuno *MANDAMIENTO DE ENTRADA Y REGISTRO*, al objeto de efectuarlo en el domicilio del reseñado anteriormente, sito en la calle *** n1 *** de la localidad de *** (***).

Y para que conste, se extiende la presente en el lugar y fecha señalados. **Conste y certifico**

Diligencia haciendo constar entrada en domicilio. Delito flagrante

En*** (***), siendo las *** horas del día ***, por medio de la presente se hace constar que sobre las *** horas de día ***, se procedió a la entrada en el domicilio de D. *** (DNI), sito en ***; en apreciación de un delito flagrante de ***, tal y como previene la LECRIM en su artículo 553. Señalar que en los casos concurrieron los requisitos exigidos por la jurisprudencia; a saber:

a) Sustantivos:

* Inmediatez temporal. La acción delictiva se estaba desarrollando (o acababa de desarrollarse) en el momento que fue sorprendido por ***
* Inmediatez personal. El delincuente se encontraba allí en ese momento en situación tal, con relación a los objetos o instrumentos del delito, que ello ofreció la evidencia de su participación en el hecho.

b) Adjetivos:

* Percepción directa y efectiva, ya que ***
* Necesidad de una urgente intervención dado que ***

Y para que conste, se extiende la presente en el lugar y fecha indicados. **Conste y certifico**

Diligencia haciendo constar entrada en domicilio. Estado de necesidad

En*** (***), siendo las *** horas del día ***, por medio de la presente se hace constar que sobre las *** horas de día ***, se procedió a la entrada en el domicilio de D. *** (DNI), sito en ***; en apreciación de una situación de estado de necesidad, tal y como previene el artículo 21.3 de la Ley Orgánica 1/92, de 21 de Febrero, sobre Protección de la Seguridad Ciudadana. Señalar que en el caso concurrieron los requisitos exigidos; a saber:

11.- Que el mal causado no sea mayor que el que se trata de evitar. ***
21.- Que la situación de necesidad no haya sido provocada intencionadamente por el sujeto.***
31.- Que el necesitado no tenga, por su oficio o cargo, obligación de sacrificarse. ***

Y para que conste, se extiende la presente en el lugar y fecha indicados. **Conste y certifico**

Diligencia haciendo constar redacción acta de entrada y registro

En*** (***), siendo las ***.*** horas del día ***, por medio de la presente se hace constar que de la entrada y registro practicada en ***, previo mandamiento expedido por su autoridad, NO se redactó acta por el instructor de las presentes, dado que la misma fue escrita por el Secretario judicial que concurrió a dicho acto.

Y para que conste, se extiende la presente en el lugar y fecha indicados. **Conste y certifico**

ACTA DE ENTRADA Y REGISTRO

Comparecientes

El agente XXX con número de placa

Testigos
D. ***
D.N.I.***
Domicilio ***
En calidad de ***

En*** (***), siendo las ***.*** horas del día septiembre 9, 2015, por la Fuerza consignada al margen provista del oportuno mandamiento judicial expedido por el Juez de Instrucción n1 *** de los de ***; y, en presencia del Secretario de dicho juzgado y, los igualmente reseñados, se procede a la entrada y registro en el domicilio de D.*** (DNI), nacido en ***(***), el *** de *** de 1.9***, hijo de *** y de ***; sito en la calle *** de la localidad al principio consignada.

Requerida la presencia de los moradores del domicilio, comparecen los anotados al margen, a los que se les comunica la diligencia que se va a practicar, comenzando el mismo a las *** horas del día *** de *** de 2.00*.

Observadas cuantas formalidades establece la LECRIM, en la diligencia acontecen las incidencias que a continuación se detallan, incautándose los efectos que igualmente se relacionan:

Habiendo dado el resultado que a continuación se indica:
Se concluye el registro a las _____ horas del día _____ de _____ de 199__, levantándose la presente Acta, que consta de ___ folios, escritos por ambas caras, numerados correlativamente y rubricados, la cual después de ser leída, es firmada por todos los intervinientes, en unión del Instructor, del que como Secretario CERTIFICO.
Firma del Interesado.

Firmas de los Testigos.

Firma del Instructor. Firma del Secretario.
Sello de la dependencia.

ASUNTO: Solicitando mandamiento de entrada y registro.

Se tienen noticias fundadas de que en el domicilio de D.*** (DNI), se encuentran *(fundamentar: fuentes, antecedentes...)*

* Objetos procedentes de robos
* Sustancias Psicotrópicas para su venta
* Pruebas conducentes al esclarecimiento del delito
* ***.

Por todo lo cual, y al objeto de sustanciar las diligencias de prevención que en esta Unidad se instruyen, se solicita de VI, libre el oportuno *MANDAMIENTO DE ENTRADA Y REGISTRO*, al objeto de efectuarlo en el domicilio del reseñado anteriormente, sito en la calle *** n1 *** de la localidad de *** (***).

Significar que en la realización del mismo, se observarán cuantas formalidades se previenen en el Libro II, Título VIII, de la Ley de Enjuiciamiento Criminal.

Lo que tengo el honor de solicitar de la respetada Autoridad de VI.

En ***, a ***
EL (Cargo)

Fdo: ***

ILMO. SR. JUEZ DE INSTRUCCIÓN N1 ***

(***)

ASUNTO: Solicitando intervención comunicaciones postales

Se tienen noticias fundadas en esta Unidad, de que D.*** (DNI), (breve razonamiento de la actividad delictiva que realiza, antecedentes...).

Teniendo en cuenta el curso de las investigaciones desarrolladas hasta el momento presente, por el instructor de las mismas, se considera necesario intervenir las comunicaciones postales del antedicho durante el plazo de ***, al objeto de esclarecer el supuesto delito investigado, y, en su caso, proceder a la detención de los implicados.

Señalar que los demás datos identificativos del mismo son:

Nacido el *** de *** de 1.9***, en *** (***). Hijo de *** y de*** , con domicilio en C/ *** nº *** (***)

Por todo lo cual, y al objeto de sustanciar las diligencias de prevención que en esta Unidad se instruyen, se solicita de VI, libre las comunicaciones oportunas, al objeto de realizar la diligencia citada, en virtud de cuanto dispone el artículo 579.1 de la Ley de Enjuiciamiento Criminal.

Lo que tengo el honor de solicitar de la respetada Autoridad de VI.

*** a ***
EL **

Fdo: ***

ILMO. SR. JUEZ DE INSTRUCCIÓN Nº ***

(***)

Diligencia de determinación grado de impregnación alcohólica

A las *** horas del día ***, en el Km. *** de la carretera*** (***), término municipal de*** y Partido Judicial de***, el/la conductor/a del vehículo clase ***, marca***, modelo***, matrícula***, con D.N.I. n1 ***, accede voluntariamente a someterse a la prueba de detección alcohólica al hallarse incluido en uno de los supuestos del art. 21 del vigente Reglamento General de Circulación. Se le informa que si el resultado fuera positivo, tiene derecho a someterse a una segunda prueba de detección alcohólica de aire espirado mediante un procedimiento similar al utilizado para la primera, a efectos de contraste. La persona interesada es advertida del derecho que tiene a controlar, por sí o por cualquiera de sus acompañantes o testigos presentes, que entre la realización de la primera y segunda prueba media un tiempo mínimo de 10 minutos, así como de la posible responsabilidad penal en que pudiere incurrir caso de negarse.

Se procede a realizar las pruebas con el (alcoholímetro o etilómetro) marca***, modelo ***,nº *** autorizado por el Instituto Nacional de Toxicología y que ha sido sometido a las preceptivas revisiones y calibraciones (la última con fecha ***), permaneciendo el conductor entre la realización de dichas pruebas sin comer, beber, fumar o realizar ejercicio físico alguno.

Resultado de la 1º prueba: 0,48 miligramos de alcohol por litro de aire espirado.

Resultado de la 2º prueba: 0,52 miligramos de alcohol por litro de aire espirado.

Hora y fecha.

Motivo de las pruebas

____Accidente ____Síntomas evidentes ____Infracción art._____
____Control Preventivo.

En este acto, es informado del derecho que tiene a formular cuantas alegaciones u observaciones tenga por conveniente, por sí mismo o por medio de un acompañante o defensor, si lo tuviere, así como a contrastar los resultados obtenidos mediante análisis de sangre, orina u otros análogos que el personal facultativo del Centro Médico más próximo al que sea trasladado estime más adecuados, manifestando que *** desea contrastar dichos resultados.

Y para que conste, se extiende la presente que es firmada en prueba de conformidad por el interesado en unión de la Fuerza Instructora. **Conste y certifico.**

Diligencia de detección alcohólica (resultado positivo)

En ***, a las *** horas del día ***, la fuerza instructora inicia las actuaciones conforme a lo preceptuado en los Artículos 12 de la L.S.V. y 21 del R.G.C., en el conductor del vehículo marca ***, modelo ***, matrícula *** D. ***, con D.N.I. núm. ***.

Preguntado para que manifieste su consentimiento a someterse a la prueba de alcoholemia mediante aire espirado e informado de la posible responsabilidad penal que conlleva la negativa a ello, manifiesta que *SÍ DESEA SOMETERSE A LA MISMA*; por lo que a continuación se le explica al proceso a realizar.

La primera prueba es realizada con el etilómetro digital (o alcoholímetro), marca *** mod. ***, número de identificación ***, oficialmente autorizado por el Instituto Nacional de Metrología y revisado con fecha ***, a las *** horas, dando un *resultado POSITIVO* de *** miligramos de alcohol por litro de aire espirado.

A continuación, y habiendo resultado POSITIVA la anterior prueba, se hace saber al conductor reseñado que para una mayor garantía se le va a realizar a efectos de contraste una segunda prueba de detección alcohólica transcurridos *MÁS DE DIEZ MINUTOS*, advirtiéndole que se abstenga de fumar o ingerir cualquier clase de bebida o comida, así como de hacer ejercicio físico alguno, manifestando éste su consentimiento. En este acto, es informado del derecho que tiene a formular cuantas alegaciones u observaciones tenga por conveniente, por sí mismo o por medio de un acompañante o defensor, si lo tuviere, así como a contrastar los resultados obtenidos mediante análisis de sangre, orina u otros análogos que el personal facultativo del Centro Médico más próximo al que sea trasladado estime más adecuados, manifestando que *** desea contrastar dichos resultados.

A las *** horas del mismo día, habiéndose respetado los requisitos anteriormente expuestos, es nuevamente sometido a una segunda prueba dando un resultado *POSITIVO*, de *** miligramos de alcohol por litro de aire espirado.

Y para que conste, se extiende la presente diligencia que firma el conductor después de leerla en prueba de conformidad, en unión de la fuerza instructora, a las *** horas del día ***. **Conste y certifico**

Diligencia. Extracción de sangre

En ***, siendo las *** horas del día ***, la fuerza Instructora traslada en el vehículo oficial al conductor del vehículo *** marca ***, modelo ***, matrícula ***, D. ***., con D.N.I. nº ***, al Centro Sanitario ***, de la localidad de *** (***), al objeto de que, por su deseo expreso, le sea extraída una muestra de sangre para su análisis (y una segunda para un posible contraanálisis), llegando a dicho centro a las *** horas del día***.

Seguidamente, a las *** horas del día ***, por el facultativo *** D. ***, con número de Colegiado ***, de servicio en el Centro Sanitario, se procede a realizar una extracción de sangre a la persona interesada (sin que para dersinfectar la zona de extracción se emplee alcohol), la cual accede voluntariamente a ello. Las muestras extraídas son envasadas en ***, provisto de anticoagulante. Dicho análisis arroja el siguiente resultado:

[ ] *** gramos de alcohol por 1.000 cc. de sangre.

[ ] Se desconoce por estar pendiente de análisis en ***.

Y para que conste, se extiende la presente, que firma la Fuerza Instructora, el interesado y el facultativo que procedió a la extracción, en el lugar y fecha indicados. **Conste y certifico**
Diligencia. Síntomas externos que presenta el conductor implicado

En *** (***), a las *** horas del día ***, por medio de la presente diligencia se procede a reseñar los síntomas externos que presenta D. ***, con D.N.I. nº ***, y conductor del vehículo matrícula ***:

Constitución física........Corpulento......Medio...........Menudo...Otros...
Signos externos............Contusiones....Heridas.........Otros...
Aspecto general...........Abatimiento....Temblores....Otros...
Comportamiento..........Dueño de sí.....Educado.......Rudo........Otros
Mirada........................Ojos velados....Brillantes......Pupilas dilatadas
Rastro........................Pálido...............Sudores........Congestionado.
Aliento.......................Olor a alcohol..SÍ.................Olor a alcohol NO
Habla.........................Pastosa............Clara.............Titubeante...
Expresión....................Respuestas claras................Incoherentes...
Deambulación.............Normal.......... No coordina movimientos.
Observaciones..............Manifiesta que ha tomado un medicamento...

Y para que conste, se extiende la presente, que firma la Fuerza Instructora en el lugar y fecha indicados. **Conste y certifico**

Diligencia de detención y lectura de derechos

En *** (***), siendo las ***.*** horas del día ***, se procede a la detención de D.*** (DNI), cuyos demás datos de filiación son: nacido en ***(***), el *** de *** de 1.9***, hijo de *** y de ***, con domicilio en C/ *** nº***, de *** (***) como presunto *** de un delito contra la seguridad del tráfico.

El detenido de conformidad con lo dispuesto en el art. 520 de la LECRIM., es informado de las causas determinantes de su detención, y de los derechos constitucionales que le asisten desde este momento, consistentes en:

a) Derecho a guardar silencio no declarando si no quiere, a no contestar alguna o algunas de las preguntas que le formulen, o a manifestar que sólo declarará ante el juez.

b) Derecho a no declarar contra sí mismo y a no confesarse culpable.

c) Derecho a designar abogado, sin perjuicio de lo dispuesto en el apartado 1.a) del artículo 527 y a ser asistido por él sin demora injustificada. En caso de que, debido a la lejanía geográfica no sea posible de inmediato la asistencia de letrado, se facilitará al detenido comunicación telefónica o por videoconferencia con aquél, salvo que dicha comunicación sea imposible.

d) Derecho a acceder a los elementos de las actuaciones que sean esenciales para impugnar la legalidad de la detención o privación de libertad.

e) Derecho a que se ponga en conocimiento del familiar o persona que desee, sin demora injustificada, su privación de libertad y el lugar de custodia en que se halle en cada momento. Los extranjeros tendrán derecho a que las circunstancias anteriores se comuniquen a la oficina consular de su país.

f) Derecho a comunicarse telefónicamente, sin demora injustificada, con un tercero de su elección. Esta comunicación se celebrará en presencia de un funcionario de policía o, en su caso, del funcionario que designen el juez o el fiscal, sin perjuicio de lo dispuesto en el artículo 527.

g) Derecho a ser visitado por las autoridades consulares de su país, a comunicarse y a mantener correspondencia con ellas.

h) Derecho a ser asistido gratuitamente por un intérprete, cuando se trate de extranjero que no comprenda o no hable el castellano o la lengua oficial de la actuación de que se trate, o de personas sordas o con discapacidad auditiva, así como de otras personas con dificultades del lenguaje.

i) Derecho a ser reconocido por el médico forense o su sustituto legal y, en su defecto, por el de la institución en que se encuentre, o por cualquier otro dependiente del Estado o de otras Administraciones Públicas.

j) Derecho a solicitar asistencia jurídica gratuita, procedimiento para hacerlo y condiciones para obtenerla.

MANIFESTANDO QUE:

____ desea declarar.

____ designa abogado.

____ renuncia al abogado de oficio.

____ desea que se pase aviso a familiar u otra persona.

____ desea intérprete.

____ desea reconocimiento médico.

Otros derechos _____

Y para que conste, se extiende la presente que firma el detenido, tras haberla leído por sí, en unión del Instructor y de mí, el Secretario. **Conste y certifico.**

Diligencia de puesta en libertad del conductor implicado

En *** (***), a las *** horas del día ***, por medio de la presente se hace constar que el instructor acuerda se ponga en libertad al conductor del vehículo ***, matrícula ***, D. ***, haciéndole saber la obligación que tiene de presentarse en el Juzgado de Instrucción nº *** de los de ***, cuando Su Señoría lo disponga, con su documentación personal y la correspondiente al vehículo.

Y para que conste, se extiende la presente, que firma el interesado en unión de la Fuerza Instructora en el lugar y fecha indicados. **Conste y certifico**

Diligencia. Negativa a someterse a prueba detección alcohólica

En el lugar del accidente, a las *** horas del día ***, la fuerza instructora inicia las actuaciones conducentes a realizar la prueba de alcoholemia, conforme a lo prevenido en el Artículo 12 de la L.S.V. y 21 del R.G.C., al conductor del vehículo implicado marca ***, modelo ***, matrícula *** D. ***, con D.N.I. núm. ***.

Preguntado para que otorgue su consentimiento a la citada prueba e informado de la responsabilidad penal que conllevaría su negativa, manifiesta que *NO DESEA SOMETERSE* a la misma por *** (motivos que expone).

Por todo lo expuesto, y a tenor de lo dispuesto en los artículos 380 y 556 del Código Penal, se procede a ***, como presunto autor de un delito de desobediencia grave a agente de la Autoridad.

Y para que conste, se extiende la presente diligencia que es firmada por la fuerza actuante y el conductor, después de leerla por sí en prueba de conformidad, a las *** horas del día ***. **Conste y certifico**

Diligencia haciendo constar redacción acta de inspección ocular

En*** (***), siendo las ***.*** horas del día ***, por medio de la presente se hace constar que de la inspección ocular practicada en ***, NO se redactó acta por el instructor de las presentes, dado que la misma fue escrita por el Secretario judicial que concurrió a dicho acto.

Y para que conste, se extiende la presente en el lugar y fecha indicados. **Conste y certifico**

ACTA DE INSPECCIÓN OCULAR

En*** (***), siendo las ***.*** horas del día ***, por medio de la presente se hace constar que, se realiza INSPECCIÓN OCULAR en ***, al objeto de determinar las causas que concurrieron en los hechos que se investigan, arrojando el siguiente resultado:

La pauta a seguir en toda inspección ocular (variando según la casuística), puede ser la siguiente:

1.- Comenzar con la descripción del lugar del suceso, relatando las cosas que se encuentren, estado y situación. Estudio de los alrededores del lugar

2.- Se realizarán las fotografías oportunas que se acompañarán pegadas en folios independientes convenientemente numeradas, para que cada vez que se haga mención de ellas, se sepa con precisión a la que se refiere.

3.- Se confeccionará un croquis del lugar de los hechos, sea en interior o en lugar abierto, que se adjuntará en folio aparte o en papel vegetal, cuidando incluir la escala, haciéndolo con las medidas precisas, relativas siempre a un sistema de referencia.

4.- Se describirán todas las cerraduras, ventanas, puertas y todo cuanto se considere de importancia según el tipo de delito.

5.- Si existe víctima, se detallará todo lo relativo a la posición que ocupa, socorros prestados, si se movió, cantidad de sangre derramada y situación respecto de la misma, examen de las ropas, heridas que presenta, si existen señales de lucha...

6.- Se buscarán huellas, cabellos, manchas etc..., y todo ello se acondicionará para su envío al laboratorio, especificándose lugar de remisión previa autorización del Juez.

7.- Descripción de todos los enseres del lugar, con expresión de la posición que ocupaba: la normal o, por el contrario, han sido alterados.

8.- Se describirán las armas que se encuentren (en su caso), así como las señales que hayan dejado, casquillos, posición, trayectorias, etc... Las trayectorias se relatarán en referencia al croquis levantado

Y para que conste, se extiende la presente en el lugar y fecha indicados. **Conste y certifico**

Diligencia solicitando intervención comunicaciones postales

En *** (***), siendo las ***.*** horas del día ***, por medio de la presente se hace constar que se tienen noticias fundadas de que... *(MOTIVAR)*

Por todo lo cual, y considerándose absolutamente necesario, al objeto de sustanciar las diligencias de prevención que en esta Unidad se desarrollan, el instructor acuerda solicitar del Ilmo. Sr. Juez de Instrucción nº *** de los de ***; la *intervención de las comunicaciones postales* de D. *** (DNI), a tenor de cuanto disponen los arts 579 y ss de la LECRIM, considerando inicialmente necesario realizarlo durante un plazo de ***.

Y para que conste, se extiende la presente en el lugar y fechas señalados. **Conste y certifico**

Diligencia. Apertura de un paquete en régimen de etiqueta verde

En *** (***), siendo las ***.*** horas del día ***, por medio de la presente se hace constar que teniendo conocimiento de que en ***, se encontraba un paquete en régimen de etiqueta verde, que ofreció sospechas de ***, el instructor acordó proceder a la apertura del mismo, a presencia de ***, hallándose en su interior lo siguiente:

Y para que conste, se extiende la presente en el lugar y fecha señalados, siendo firmada por todos los asistentes en unión de la fuerza instructora. **Conste y certifico**

Diligencia solicitando intervención comunicaciones telefónicas

En *** (***), siendo las ***.*** horas del día ***, por medio de la presente se hace constar que se tienen noticias fundadas de que... *(MOTIVAR)*

Por todo lo cual, y considerándose absolutamente necesario, al objeto de sustanciar las diligencias de prevención que en esta Unidad se desarrollan, el instructor acuerda solicitar del Ilmo. Sr. Juez de Instrucción nº *** de los de ***; la *intervención de las comunicaciones telefónicas* de D. *** (DNI), abonado nº *** de la compañía operadora ***, con domicilio en *** (***), a tenor de cuanto disponen los arts 579 y ss de la LECRIM, considerando inicialmente necesario realizarlo durante un plazo de ***.

Y para que conste, se extiende la presente en el lugar y fecha señalados. **Conste y certifico**

Diligencia solicitando prórroga intervención comunicaciones

En *** (***), siendo las ***.*** horas del día ***, por medio de la presente se hace constar que con fecha ***, fue concedida por el Ilmo Sr. Juez de Instrucción nº *** de los de ***, intervención de las comunicaciones ***, de D. *** (DNI); materializándose la misma el día ***.

Próximo a vencer el plazo señalado por la Autoridad Judicial y, dado que permanecen las causas por las que se requirió tal medida *(MOTIVAR)*, es por lo que el Instructor de las presentes, según dispone el artículo 579.3 de la LECRIM, solicita prórroga de *** para continuar con dicha investigación.

Y para que conste, se extiende la presente en el lugar y fecha señalados.
Conste y certifico

Diligencia solicitando mandamiento registro de imágenes en el interior de un domicilio

En *** (***), siendo las ***.*** horas del día ***, por medio de la presente se hace constar que se ha tenido conocimiento de que en el domicilio propiedad de D. *** (***), sito en ***, *** (motivar y delito a investigar)

Por todo lo cual, el instructor acuerda solicitar del Juez de Instrucción nº *** de los de ***,

a) mandamiento para registrar desde el exterior las imágenes del domicilio antes citado.
b) mandamiento para proceder a la entrada y colocación de un aparato de registro de imágenes, así como para la grabación de las mismas.

Y para que conste, se extiende la presente en el lugar y fecha señalados.
Conste y certifico

Diligencia solicitando mandamiento registro de sonido en el interior de un domicilio

En *** (***), siendo las ***.*** horas del día ***, por medio de la presente se hace constar que se ha tenido conocimiento de que en el domicilio propiedad de D. *** (***), sito en ***, *** (motivar y delito a investigar)

Por todo lo cual, el instructor acuerda solicitar del Juez de Instrucción nº *** de los de ***, mandamiento para proceder a la entrada y colocación de un aparato de registro de sonido, así como para la grabación del mismo.

Y para que conste, se extiende la presente en el lugar y fecha señalados.
Conste y certifico

Diligencia reseñando identidad positivo identificado en acta de reconocimiento fotográfico

En *** (***), siendo las ***. *** horas del día ***, por medio de la presente se hace constar, que el positivo fotográfico n1 ***, identificado por *** (DNI), como ***, resulta ser *** (DNI), nacido en ***, el ** de ** de 1.9**, con domicilio en *** (***).

Y para que conste, se extiende la presente en el lugar y fecha señalados.
Conste y certifico

Diligencia identificación víctima

En *** (***), siendo las ***.*** horas del día ***, por esta diligencia se hace constar que por medio de (un familiar, investigación...), se ha procedido a identificar a la víctima, resultando ser D. *** (DNI), nacido el ***, con domicilio en***, de estado ***. (Observaciones)

Y para que conste, se extiende la presente en el lugar y fecha señalados.
Conste y certifico

Diligencia haciendo constar reseña de un arma

En*** (***), siendo las ***.*** horas del día ***, por medio de la presente se hacen constar los datos identificativos del arma y titular de la misma *(intervenida a, ocupada, recogida en la inspección ocular...)*; resultando ser:

Datos guía de pertenencia

* Número:
* Arma:
* Calibre:
* Categoría:
* Marca:
* Modelo:
* Serie:
* Número
* Procedencia:

Datos licencia de armas (propietario)

* Apellidos:
* Nombre:
* DNI:
* Fecha de nacimiento:
* Domicilio:
* Distrito Postal:
* Municipio de residencia:
* Provincia de residencia:
* Licencias y autorizaciones que posee:

Y para que conste, se extiende la presente en el lugar y fecha indicados. **Conste y certifico**

ACTA DE RECONOCIMIENTO DE IDENTIDAD

En *** (***), siendo las ***.*** horas del día ***, por medio de la presente se hace constar que, ante la Fuerza Instructora comparece D. *** (DNI), nacido el *** de *** de 1.9***, en *** (***), con domicilio en *** (***), Calle *** nº ***; en calidad de ***.

En *rueda de reconocimiento*, y en presencia del Letrado del Ilustre Colegio de Abogados de *** (***), D. *** (DNI), colegiado n1 ***, le son mostrados de izquierda a derecha y de frente, los siguientes individuos de similares características cumpliendo las formalidades que exige la LECRIM, en los artículos 368 y ss; rueda compuesta de izquierda a derecha del observador por los siguientes:

NÚMERO 1.- D. *** (DNI)
NÚMERO 2.- D. *** (DNI)
NÚMERO 3.- D. *** (DNI)
NÚMERO 4.- D. *** (DNI)
NÚMERO 5.- D. *** (DNI)
NÚMERO 6.- D. *** (DNI)

Finalizada la misma, el compareciente *reconoce sin ningún genero de dudas (cree reconocer, le parece... MATIZAR),* al número ***, como ***.

Y para que conste, se extiende la presente que es firmada por el interesado, el Letrado que le asiste y la Fuerza actuante, en el lugar y fecha señalados. **Conste y certifico**

Acta de reconocimiento fotográfico

En*** (***), siendo las ***.*** horas del día ***, por medio de la presente se hace constar que, ante la Fuerza Instructora comparece D. *** (DNI), nacido el *** de *** de 1.9***, en *** (***), con domicilio en *** (***), Calle *** n1 ***; en calidad de ***.

Se procede en este acto a mostrarle los positivos fotográficos que a continuación se adjuntan (conveniente pero no imprescindible en presencia de letrado), y, una vez examinadas las mismas detenidamente, ha arrojado como resultado que *RECONOCE SIN LUGAR A NINGÚN GENERO DE DUDAS, (indicar en su caso la forma: cree, le parece...)* como ***, por la fotografía nº ***

(FOTOGRAFÍA DE TRES POSICIONES.
5 TIRAS DE PERSONAS SIMILARES)

Y para que conste, se extiende la presente que es firmada por el interesado y la Fuerza actuante, en el lugar y fecha señalados. **Conste y certifico**

Diligencia de incautación y descripción de una sustancia estupefaciente presumiblemente **

En *** (***), siendo las*** .*** horas del día ***, por esta diligencia se hace constar que a resultas de la práctica del registro efectuado en el domicilio de

D. ** (DNI), sito en la C/ ** de (**); fue detectada la presencia de sustancia estupefaciente por ** (unidad actuante) localizada en ** (situación), que a continuación se especifica:

Naturaleza de la materia intervenida: Se trata de una sustancia en polvo/roca/compacta de color blanco/marrón, que sometida a un test de identificación (drogatest) para heroína/coca/hachís, resulta positivo en cuanto a la presencia de la misma, con una coloración indicadora de gran pureza.

Cantidad de sustancia intervenida: Lo intervenido arroja un peso neto de ** gramos, de los que podrían haberse obtenido un total de ** dosis, todo ello sin considerar la posible adulteración a la que se podría someter ulteriormente con el consiguiente incremento peso-dosis.

Presentación de la sustancia intervenida: Debido al medio de ocultación, envoltorio y cantidad de la misma, hace pensar que no se encontraba dispuesta para el consumo, sino que habría de ser cernida, adulterada y por último distribuida en dosis.

Pureza de la sustancia intervenida: Para tratar de determinar la pureza de dicha sustancia, son remitidas muestras de dicha sustancia a **, del que se solicitará, igualmente, identifique otras sustancias encontradas en las muestras, y su grado de toxicidad y peligrosidad para la salud.

Valoración de la sustancia intervenida: ** pesetas según tarifas oficiales, si bien en el mercado clandestino los precios están sometidos a oscilaciones que dependen de la condiciones de disponibilidad, índices de oferta y demanda, calidad y grado de pureza.

Destino futuro de la sustancia intervenida: La misma será entregada en el laboratorio de la Delegación del Ministerio de Sanidad y Consumo de **, a disposición del Juzgado de Primera Instancia e Instrucción n1 ** de los de **.

Y para que conste se extiende la presente en el lugar y fecha indicados. **Conste y certifico**.

Diligencia solicitando autorización entrega vigilada de drogas

En*** (***), siendo las ***.*** horas del día ***, por medio de la presente se hace constar que el instructor acuerda solicitar de ***, autorización para proceder a la entrega vigilada de drogas de:

* Partida de droga:
* Lugar de origen:
* Posible lugar de destino:
* Posibilidades de vigilancia:
* Datos que se esperan obtener:
* Otros:

En la realización de dicha diligencia se observarán cuantas formalidades recoge el artículo 263.bis de la LECRIM.

Y para que conste, se extiende la presente en el lugar y fecha indicados.
Conste y certifico

Diligencias de TRÁMITE

Diligencia comunicación hecho Autoridad Judicial

En *** (***), siendo las ***. *** horas del día ***, por medio de la presente se hace constar, que a las *** horas del día de la fecha, por medio de llamada telefónica (escrito, fax, télex... en su caso) efectuada al Juzgado de Instrucción de Guardia de los de ***, se puso en conocimiento de la Autoridad Judicial (el hecho...). Dicha llamada, fue recogida por (indicar quién recibió la llamada: Juez, funcionario...), quedando reflejada la misma en el libro registro de esta Unidad con el nº ***.

Y para que conste, se extiende la presente en el lugar y fecha señalados.
Conste y certifico

Diligencia comunicación detención Autoridad Judicial

En *** (***), siendo las ***. *** horas del día ***, por medio de la presente se hace constar, que a las *** horas del día de la fecha, por medio de llamada telefónica (escrito, fax, télex... en su caso) efectuada al Juzgado de Instrucción de Guardia de los de ***, se puso en conocimiento de la Autoridad Judicial la detención de D. *** (DNI), como supuesto autor de un delito de ***. Dicha llamada, fue recogida por (indicar quién recibió la llamada: Juez, funcionario...), quedando reflejada la misma en el libro registro de esta Unidad con el nº ***.

Y para que conste, se extiende la presente en el lugar y fecha señalados.
Conste y certifico

Diligencia de detención y lectura de derechos

En ***(***), siendo las ***.*** horas del día ***, se procede a la detención de D. *** (DNI), cuyos demás datos de filiación son: nacido en *** (***), el *** de *** de ***, hijo de *** y de ***, con domicilio en C/ *** n1 ***, de *** (***) como presunto *** de un delito de ***.

El detenido de conformidad con lo dispuesto en el art. 520 de la LECRIM., es informado de las causas determinantes de su detención, y de los derechos constitucionales que le asisten desde este momento, consistentes en:

a) Derecho a guardar silencio no declarando si no quiere; a no contestar alguna o algunas de las preguntas que le formulen, o manifestar que solo declarará ante el Juez.

b) Derecho a no declarar contra sí mismo y a no confesarse culpable.

c) Derecho a designar Abogado y a solicitar su presencia para que asista a las diligencias policiales y judiciales de declaración e intervenga en todo reconocimiento de identidad de que sea objeto. Si el detenido o reo no designara Abogado, se procederá a la designación de oficio.

d) Derecho a que se ponga en conocimiento del familiar o persona que desee, el hecho de la detención y el lugar de custodia en que se halle en cada momento. Los extranjeros tendrán derecho a que las circunstancias anteriores se comuniquen a la Oficina consular de su país.

e) Derecho a ser asistido gratuitamente por un intérprete, cuando se trate de extranjero que no comprenda o no hable el castellano.

f) Derecho a ser reconocido por el médico forense o su sustituido legal y, en su defecto, por el de la Institución en que se encuentre, o por cualquier otro dependiente del Estado o de otras Administraciones Públicas.

MANIFESTANDO QUE:

** desea declarar.
** designa abogado.
** desea que se pase aviso a familiar u otra persona.
** desea intérprete.
** desea reconocimiento médico.

Y para que conste, se extiende la presente que firma el detenido, tras haberla leído por sí, en unión del Instructor y de mí, el Secretario. **Conste y certifico.**

Diligencia de puesta en libertad de un detenido

En *** (***), siendo las*** horas del día ***, por esta diligencia se hace constar que el Instructor acuerda se ponga en libertad al detenido, D. *** (DNI), dado que (seleccionar una)

A) de las actuaciones practicadas se deduce que el mismo no participó en los hechos que inicialmente se le imputaban

B) de las actuaciones practicadas se deduce que el delito por el que se detuvo al mismo resulta ahora ser el de **, castigado con pena privativa de libertad inferior a tres años y, no concurre en el investigado el posible peligro de fuga al que alude el artículo 492 LECRIM

C) de las actuaciones practicadas se deduce que el delito por el que se detuvo al mismo resulta ahora ser un delito leve ** y, no concurre en el investigado el posible peligro de fuga al que alude el artículo 495 LECRIM

D) de las actuaciones practicadas se deduce que el delito investigado no lo es tal y, por tanto, carece la medida cautelar adoptada de uno de los presupuestos que establece el artículo 492 LECRIM; esto es: la imputación.

Significar que al mismo se le hace saber su deber de comparecer ante el Ilmo Sr. Juez de Instrucción n1 *** de los de ***, el día *** a las *** horas (hora posterior a la entrega del atestado, en su caso)

Y para que conste se extiende la presente en el lugar y fecha indicados que es firmada por el investigado en prueba de conformidad. **Conste y certifico.**

DILIGENCIA DE ANTECEDENTES

En *** (***), siendo las *** horas del día ***, por medio de la presente se procede a reseñar los antecedentes policiales y penales de los que a continuación se detallan:

* D. ***(DNI) DETENIDO, cuenta con los siguientes:

1.- POLICIALES: Detenido con fecha *** por la comisión de ***, por ***

2.- PENALES: Prisión desde *** a ***, impuesta por Juzgado ***, por la comisión de ***...

3.- SITUACIÓN ACTUAL: Libertad, Libertad provisional, Libertad condicional, Rebeldía...

La información citada, ha sido consultada de *** *(fuentes)*, con fecha ***

Y para que conste, se extiende la presente en el lugar y fecha señalados. **Conste y certifico**

Diligencias de ENTREGA

Diligencia de entrega

En *** (***), siendo las ***.*** horas del día ***, por medio de la presente se hace ENTREGA en el Juzgado de Instrucción n1 *** de los de ***; de:

1.- Las presentes diligencias, las cuales cuentan con *** folios.

2.- De los detenidos que a continuación se relacionan, y cuyos demás datos obran en la diligencia correspondiente:

* D. ***(DNI)
* D. ***(DNI)

3.- De los siguientes efectos, incautados a *** , como piezas de *** del supuesto delito

4.- De los informes siguientes:

* Fotográfico
* Balístico
* Dactiloscópico

Y para que conste, se extiende la presente en el lugar y fecha señalados.
Conste y certifico

Diligencia haciendo constar delitos esclarecidos

En *** (***), siendo las *** horas del día ***, por la presente se hace constar que por medio de las actuaciones verificadas en el presente atestado, se ha procedido al esclarecimiento de los delitos siguientes:

* Diligencias n1 ***. Entregadas en el juzgado de instrucción n1 *** de los de ***, por un supuesto delito de ***. Esclarecido total/parcialmente por ***

* Diligencias n1 ***. Entregadas en el juzgado de instrucción n1 *** de los de ***, por un supuesto delito de ***. Esclarecido total/parcialmente por ***

Y para que conste, se extiende la presente en el lugar y fecha señalados.
Conste y certifico

REDACCIÓN DE ATESTADOS

CASO PRÁCTICO NÚMERO 1

-SUPUESTO DE HECHO:

Homicidio con detención del autor.

-CUESTIONES PLANTEADAS:

Según el supuesto de hecho planteado, indique qué diligencias integrarían necesariamente el atestado.

CASO PRÁCTICO NÚMERO 2

-SUPUESTO DE HECHO:

Robo con violencia e intimidación en una entidad bancaria con detención del autor.

-CUESTIONES PLANTEADAS:

Según el supuesto de hecho planteado, redacte el atestado utilizando los modelos de diligencias que existen en este manual.

CASO PRÁCTICO NÚMERO 3

-SUPUESTO DE HECHO:

Robo con fuerza en las cosas en el interior de un domicilio sin detención del autor.

-CUESTIONES PLANTEADAS:

Según el supuesto de hecho planteado, redacte el atesado utilizando los modelos de diligencias que existen en este manual.

Apéndice de BIBLIOGRAFÍA

Para la redacción de este manual se han utilizado las siguientes obras:

- ALONSO PÉREZ, Francisco (Coord). *El Manual del Policía*. Editorial La Ley. 5º edición.

- ANTÓN BARBERÁ, Francisco / DE LUIS Y TURÉGANO, Juan V. *Policía científica., Vol. 1* Editorial Tirant lo Blanch. Valencia, 1992.

- CABO MANSILLA, Juan María *El atestado policial. Diligencias básicas*. Dirección General de la Policía. División de Formación y Perfeccionamiento. Madrid. 3ª EDICIÓN. 1991

- MARCHAL ESCALONA, A. Nicolás *El atestado. Inicio del proceso penal*. Editorial Aren. 2ª edición. Madrid, 1999.

- MARTÍN ANCÍN, F / ÁLVAREZ RODRÍGUEZ, J.P. *Metodología del atestado policial. Aspectos procesales y jurisprudenciales.* Editorial Tecnos. 4ª edición. Madrid, 2007.

Apéndice de LEGISLACIÓN

- Ley Orgánica 5/2015, de 27 de abril.
- Ley Orgánica 13/2015, de 5 de octubre.
- Ley 41/2015, de 5 de octubre.
- Constitución Española de 1978.
- Código Penal Español aprobado por Ley Orgánica 10/1995 de 23 de noviembre.
- Ley de Enjuiciamiento Criminal (Real Decreto de 14 de septiembre de 1882).
- Ley Orgánica 5/1999, de 13 de enero, de modificación de la Ley de Enjuiciamiento Criminal.
- Ley Orgánica 6/85, de 1 de julio, Ley Orgánica del Poder Judicial.
- Ley Orgánica 2/86, de 13 de marzo, Ley Orgánica de Fuerzas y Cuerpos de Seguridad del Estado.
- Real Decreto 769/87, de 19 de junio, sobre regulación de la Policía Judicial.
- Ley Orgánica 1/92, de 21 de febrero, Ley Orgánica de Seguridad Ciudadana.
- Ley Orgánica 4/1997 que regula la utilización de videocámaras.
- Ley 50/1981, de 30 de diciembre, que regula el Estatuto Orgánico del Ministerio Fiscal.

www.ingramcontent.com/pod-product-compliance
Lightning Source LLC
Chambersburg PA
CBHW070245190526
45169CB00001B/309